シリーズ「遺跡を学ぶ」026

大和葛城の大古墳群

馬見古墳群

河上邦彦

新泉社

大和葛城の大古墳群

―馬見古墳群―

河上邦彦

【目次】

装幀　新谷雅宣
本文図版　松澤利絵

第1章　二五〇基を超える大古墳群

1　馬見古墳群の分布

馬見丘陵

奈良盆地の中央、やや西よりに位置する南北七キロ、東西三キロの低丘陵には多くの古墳が集中して造られ、大古墳群を形成している。奈良県北葛城郡《きたかつらぎぐん》広陵《こうりょう》町と河合《かわい》町にまたがるこの大古墳群は、丘陵の名をとって馬見《うまみ》古墳群とよばれる（図1）。

馬見丘陵を分断するように二本の大きな谷が南北にあって、この谷を佐味田《さみた》川と滝《たき》川が北流し、丘陵は三分されている。丘陵の西側と東側にも小河川があるので、四つの川に挟まれたような地形になっている。中の二つの川は極めて細く、ほとんど水の流れがないというような状況であるが、地理的には東側の丘陵、中央の丘陵、西側の丘陵の三つに分割して考えられる。

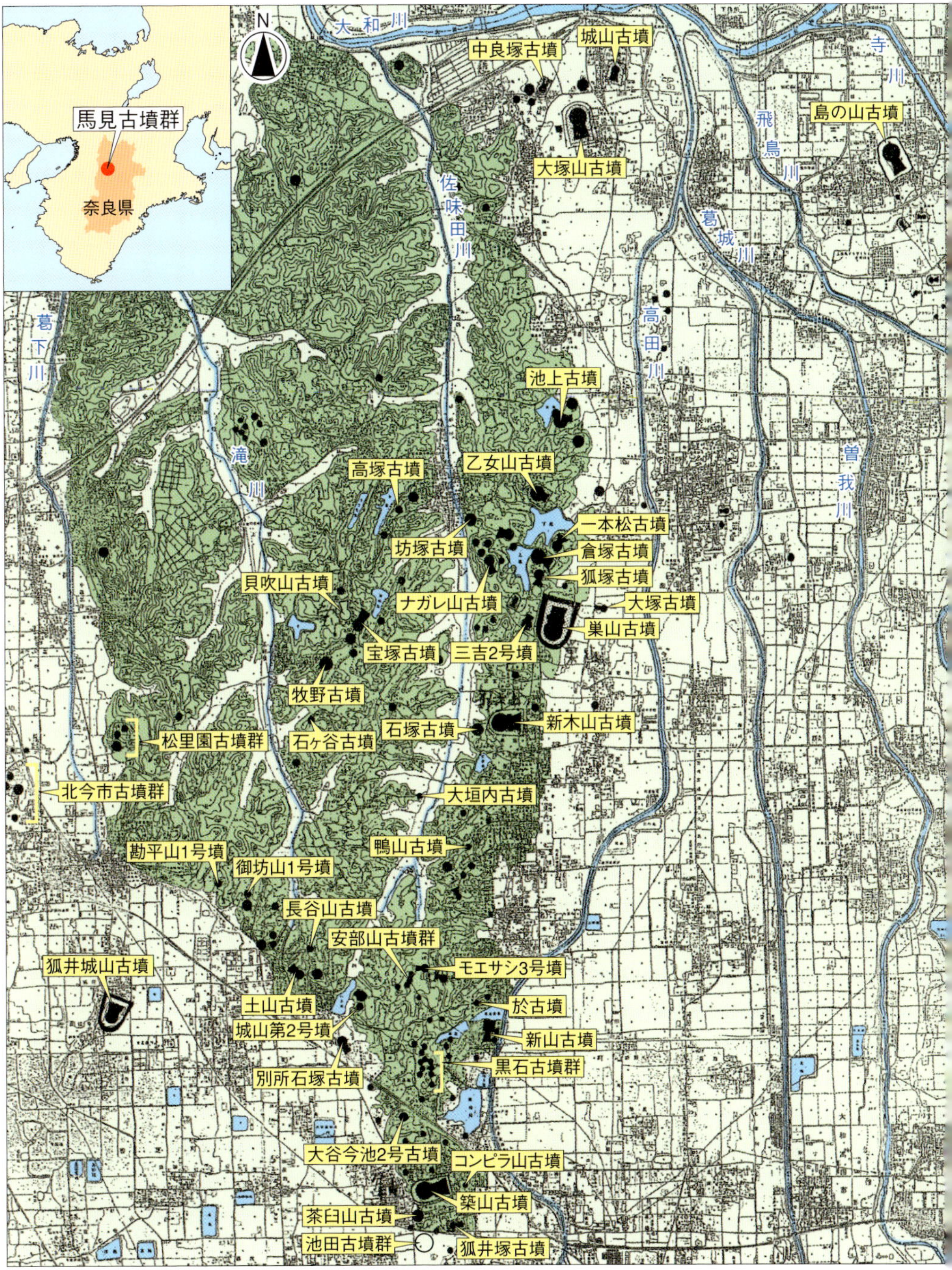

馬見古墳群
奈良県
N
大和川
寺川
飛鳥川
葛城川
佐味田川
高田川
葛下川
滝川
曽我川
中良塚古墳
城山古墳
島の山古墳
大塚山古墳
池上古墳
高塚古墳
乙女山古墳
一本松古墳
坊塚古墳
倉塚古墳
狐塚古墳
貝吹山古墳
ナガレ山古墳
大塚古墳
巣山古墳
宝塚古墳
三吉2号墳
牧野古墳
石塚古墳
新木山古墳
松里園古墳群
石ヶ谷古墳
北今市古墳群
大垣内古墳
鴨山古墳
勘平山1号墳
御坊山1号墳
長谷山古墳
安部山古墳群
狐井城山古墳
モエサシ3号墳
土山古墳
於古墳
城山第2号墳
新山古墳
黒石古墳群
別所石塚古墳
大谷今池2号古墳
コンピラ山古墳
築山古墳
茶臼山古墳
池田古墳群
狐井塚古墳

図1 ● 馬見古墳群分布図

丘陵の南端部分は佐味田川と滝川も消え、丘陵が東西につながったようになっている。つまり上から見ると、グローブのような形をした丘陵である。

東側の丘陵

古墳は、最も東側の丘陵とその丘陵の東縁辺部に多い。

大塚山《おおつかやま》古墳群とされる一群は丘陵の最北端の縁辺から平坦地に移る地域に点在する。全長二〇〇メートルを越える大塚山古墳を中心に城山《しろやま》古墳から中良塚《なからづか》古墳の前方後円墳に加え大型円墳の丸山《まるやま》古墳や方墳の九僧《くそう》塚《づか》など八基が確認できる。

また、馬見丘陵の古墳に入れるべきではないと思うが、東丘陵北端の東、飛鳥川と寺川とに挟まれた地域には島《しま》の山《やま》古墳、寺《てら》の前《まえ》古墳のような前期末から中期古墳、さらに黒田大塚《くろだおおつか》古墳のような後期古墳などが分布する。これらの古墳は三宅《みやけ》、つまり屯倉《みやけ》の地域の古墳として認識されているが、私は島の山古墳は大塚山

図2 ● 巣山古墳群（北から）
上方右側の住宅地は、もと丘陵地帯である。

古墳群とかかわりが深いと考えている。

　東丘陵の中央部にはいわゆる巣山《すやま》古墳群がある（図2）。全長二一〇メートルほどの巣山古墳を中心に、南にやや離れて新木山《にきやま》古墳、北には中型の古墳が多い。日本最大の帆立貝式《ほたてがいしき》の乙女山《おとめやま》古墳、そして池上《いけがみ》古墳、狐塚《きつねづか》古墳、三吉《みつよし》二号墳などの帆立貝式古墳が多いのが特色である。

　この巣山古墳群には、一本松《いっぽんまつ》古墳、倉塚古墳、ナガレ山古墳などのような通常の前方後円墳もある。大型、中型古墳の密集度が高いが、小規模な古墳も多く存在している。

　新木山古墳より南には、この東の丘陵の西側や稜線上に小規模な古墳が幾つか点在している。このような古墳には、後期古墳に属するものが多い。ただ、このあたり大字赤部から大塚にかけては民家の密集地帯となっているので、消滅した古墳も多く、小型の前期古墳も存在した可能性がある。

　東丘陵の南部には前方後方墳の新山《しんやま》古墳やモエサシ

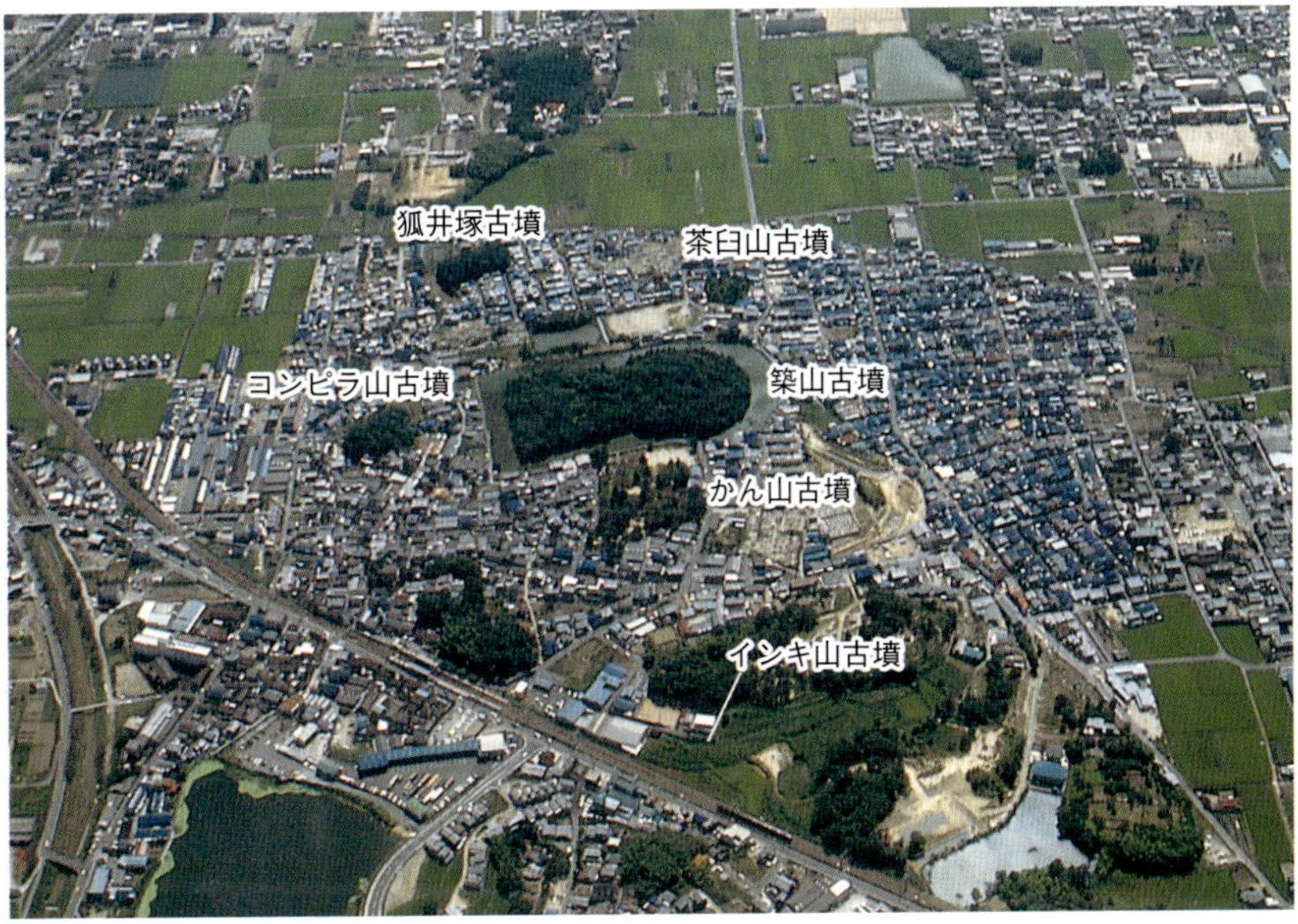

図3 ● 築山古墳群（北から）
築山古墳をとりまくように分布している。

三号墳などの中規模の前方後円墳が存在しているが、むしろ黒石古墳群のような小型古墳が多い。ここには前期から中期そして後期の古墳も点在している。

丘陵の南端からやや離れて低い独立丘陵がある。この丘陵上にあるのが大型前方後円墳の築《つき》山《やま》古墳を中心とした築山古墳群である（図3）。大型円墳のコンピラ山古墳や茶臼山《ちゃうすやま》古墳、中型前方後円墳の狐井塚《きついづか》古墳などである。この周りには池田《いけだ》古墳群や岡崎山《おかざきやま》古墳群のような小型の古墳もかなり見つかっている。

中央の丘陵

中央の丘陵の北端部には、後期古墳がわずかに存在する。中央部では、東側の丘陵の巣山古墳群に対峙する部分に前期の宝塚《たからづか》古墳と貝吹山《かいぶきやま》古墳（一号墳）が存在する。宝塚古墳の南西側には後期から終末期の大型円墳の牧野《ばくや》古墳や、少し離れて石ヶ谷《いしたに》古墳のように馬見丘陵には珍しい横穴式石室の古墳がある。この丘陵の南端つまり三つの丘陵がつながっている部分には小規模な古墳が多いが、別所古墳群ともいうべき前期古墳の城山《しろやま》第二号墳や別所石塚《べっしょいしづか》古墳などがあり、また後期の石棺墓などがかなりたくさん点在している。

西側の丘陵

西側の丘陵には、北今市《きたいまいち》古墳群や松里園《しょうりえん》古墳群のような後期古墳が存在しているほかは目立った古墳はない。この部分の丘陵がいったん切れた南側の平坦部にある狭長な低丘陵上に狐《きつ》井《い》城山《しろやま》古墳がある。

以上、馬見丘陵に存在する古墳は計二五〇基を上回っている。

2　調査の歴史

最初の記録

馬見古墳群について初めて記録されたのは、明治二六年（一八九三）の野淵龍潜《のぶちりゅうせん》による「大和國古墳墓取調帳」である（**図4**）。野淵は奈良県内の古墳を調査し、絵図と目録をもって、この「大和國古墳墓取調帳」をまとめた。このなかで馬見丘陵内では大塚山古墳や巣山古墳など七〇基あまりの古墳を取り上げている。しかし、これはどこにどのような古墳が存在するか、その規模と現状を記したのみであった。

野淵がこの取調帳を作成する以前の明治一四年（一八八一）と明治一八年（一八八五）に宝塚古墳と新山古墳などが盗掘を受けた。これらの遺物は幸い宮内庁の所有となり、今に伝えられて新山古墳は大塚陵墓参考地として宮内庁の所有地となっている。

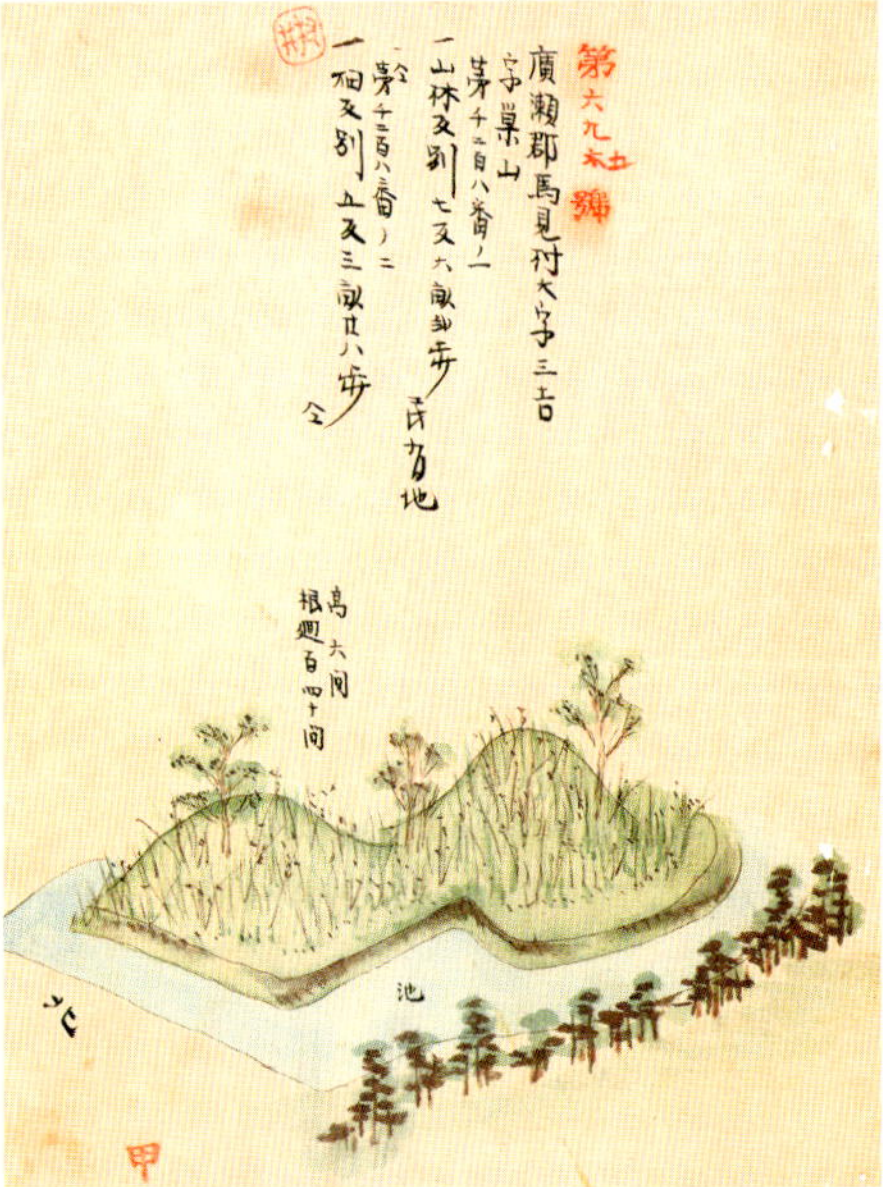

図4●「大和國古墳墓取調帳」
巣山古墳の部分。

出土遺物の研究

これらの古墳から出土した遺物については大正から昭和初期にかけて関心が高まり、後藤守一《ごとうしゅいち》や梅原末治《うめはらすえじ》によって学会誌に発表されている。

特に梅原末治による『佐味田及新山古墳研究』の報告は、馬見古墳群の重要性を認識させることになった。このことが遠因になって、巣山古墳の史跡指定や乙女山・池上古墳等の測量など、学問的な活動が多くなされた。しかし、古墳群としての総合的な視野で研究されることはなかった。

調査の開始

馬見古墳群は一九四五年以後になって、末永雅雄《すえながまさお》の『大和の古墳』や森浩一《もりこういち》の「畿内—古墳文化」『日本考古学講座』で総合的にとらえられ、こうしたなかで、この古墳群が北葛城郡に存在することが最も大きな理由となって、葛城氏にかかわる墓と捉えられるようになってきた。

一九五五年ごろからは開発行為が進んだ結果、発掘調査がおこなわれ、資料の蓄積という段階に入った。そのためか、古墳群の統合的な分析研究はあまりおこなわれてこなかった。

しかし、古代史の方面から、馬見古墳群はその南半のみが葛城の地であり、北半は広瀬郡に属することから単に一氏族の奥津城《おくつき》とは考えられないとして、大王家にかかわるものだという見方も出てきた。一方、すべての古墳が葛城氏にかかわるとの論もあるという状況である。

第２章　丘陵のさまざまな古墳と古墳群

１　丘陵北端の古墳群

大塚山古墳群

大塚山古墳群（図５）は、城山・丸山・九僧塚・中良塚・高山塚《たかやまづか》二・三・四号の総称で、一九五六年一二月二八日付けで史跡となっている。その盟主ともいうべき古墳が大塚山古墳である。

大塚山古墳　巨大な前方後円墳で、後円部をほぼ北に、前方部をほぼ南にすえている。周囲には濠のなごりが水田となって残っているが（図６）、堤防上の水田と後円部周濠から西側は約三〜四メートルの高低差がある。もっとも差の少ない東南隅部分でも一メートルの差がみられる。後円部縁より堤防下まで三二メートル、前方部縁より堤防下まで四〇メートルの幅をもつ濠である。

墳丘は三段築成で下の一段は低く急傾斜を示しているが、上の段は高く傾斜も緩やかである。

くびれ部の東側は開墾され変化を受けているが後円部、前方部はもとの形を保持している。

実測図によると主軸の長さ二一五メートル、後円部の径約一〇八メートル、前方部の幅一二三メートル、くびれ部はやや変形しているが現在の幅は八五メートルを有している。後円部頂上の直径は二四メートル、高さ一五・八メートル、前方部頂上先端の幅一八メートル、高さ一六・八九メートル、前方部と後円部の接続部の幅一二メートル、高さ一一・二五メートルである。後円部は前方部よりやや低く削平されたという感じがある。また前方部の幅は後円部よりやや長くなっている。葺石《ふきいし》は各所で観察されるが、特に後円部および前方部の斜面に観察できる。

埴輪《はにわ》は各所で破片の散布をみる。後円部の頂上には竪穴式石室《たてあなしきせきしつ》の石片が散乱している。遺物は、測量中に採集された小型盾形《たてがた》埴輪片がある。円筒の前面に小さな盾が付くといったもので、これは、

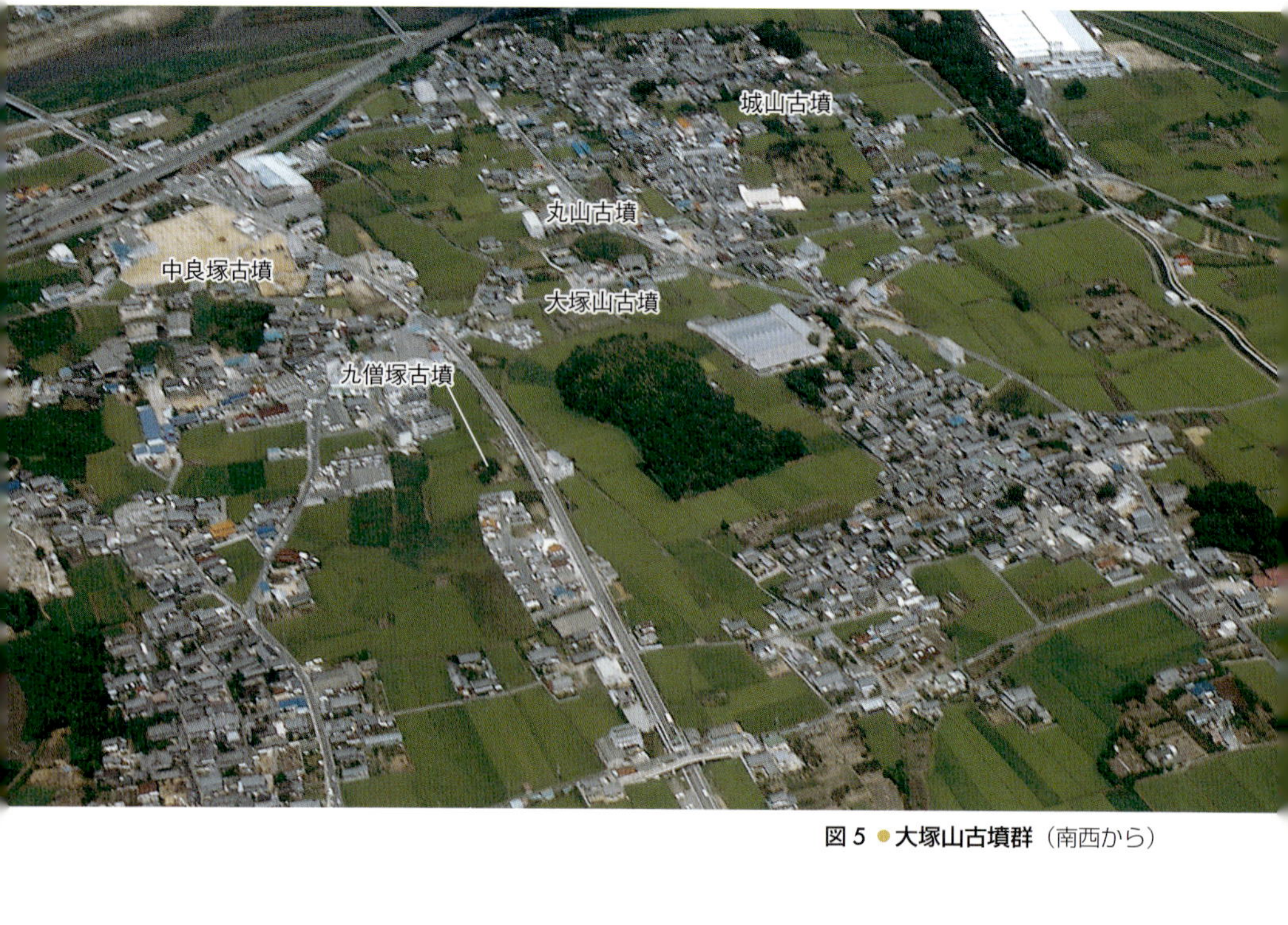

図5 ● 大塚山古墳群（南西から）

今日では家形埴輪の高床住居の柱にあたるものと考えられている。一九九二年に濠南東部でトレンチ調査をし、濠の落ち込みを確認、埴輪片などが出土した。また一九九八年には西側で堤幅が二二メートルと確認された。

九僧塚古墳　大塚山古墳の外堤西側に位置する古墳で、位置関係から大塚山古墳の陪塚《ばいづか》である。東西約二七メートル、南北約三三メートル、高さ約三メートルの規模の方墳である。大型古墳の外側に小型方墳が並ぶ例は応神陵古墳や雲部車塚《くもべくるまづか》などいくつか知られている。大塚山古墳の東側にもこの対称地点に方墳があった可能性がある。

墳丘は畑として利用されており、かなり墳形が変わっている。「九僧塚」という名から周辺になおいくつかの古墳が存在したことがうかがえる

城山古墳　川合《かわい》集落の東側に存在する。後円部を北に前方部をほぼ南に向けた前方後円墳である。全長は一〇九メートル、後円部の直径六〇メートル、前方部の幅七三メートル、後円部の高さ一〇メートル、前方部の高さも一〇メートルである。

図６　**大塚山古墳**
前方部から後円部側を見る。もと濠だったところが水田となっている。

墳丘は全面にわたって開墾され畑地になっているため、相当変形している。段築は、一段目が前方部において見られるが、他ははっきりしない。葺石および埴輪は各部分で見られる。

周濠は北東隅、北西部は拡大されて水田化されてはいるが二メートルの凹地となって明瞭に存在している。西南隅は深さ一メートルばかりであるが宅地、畑地とはっきり区別されている。後円部側では一八メートル、前方部側では二〇メートルの幅を有している。北西隅の濠外には現状で畑地となっているところに一基の古墳が存在したが破壊削平され、また北東隅の濠外水田中にも一基が存在したが、これも削平されたとの証言がある。

丸山古墳　大塚山古墳の北方、城山古墳の西方に位置する直径約四八メートルの大型円墳である。遺物としては円筒埴輪片が知られるにすぎない。

中良塚古墳（高山塚一号墳）　丸山古墳の西方に存在する中良塚は前方部を北に、後円部を南に向けた前方後円墳である。全長は八八メートル、前方部径五〇メートル、後円部径四五メートル、後円部の高さ六・五メートル、前方部は後円部同様六・五メートル。西面は比較的元の形を保存しているようであるが、東面および頂上部は開墾されて、はなはだしく変形している。

周濠は存在しているが、南面と東面は道路や宅地になり、旧堤防の形状の痕跡すら残存していないのに対して、西面は前方部西角より堤防内面まで一四メートルの幅を有している。

墳丘上に石塊や埴輪片が多く、埴輪片の中には円筒埴輪以外に盾形・家形埴輪などの形象埴輪片が混在している。後円部に接した宅地の庭で円筒埴輪列が見つかっている。

この古墳は大塚山や城山とは異なり前方部を北に向けている。河合町教育委員会によって測量され、濠の一部が調査確認されている。その結果、周濠の葺石を確認。さらに墳丘は二段築成であることが認められた。当古墳の築造年代は五世紀後半と考えられる。

高山塚二・三・四号墳　中良塚古墳の西側に点在する小規模な円墳である。

このうち高山塚二号墳は現状では東西一六メートル、南北一八メートルの規模であるが、一九八七年度に周辺部で発掘調査がおこなわれ、幅六メートルの周濠が存在し、規模も直径二八メートル程度となることが判明した。円筒・朝顔形・蓋《きぬがさ》形・家形などの埴輪がある。埴輪はすべて無黒斑の穴窯《あながま》焼成で、須恵《すえ》質のものもみられる。

三号墳・四号墳については詳細がまったく不明であるが、二号墳と同様の状況であろう。

島の山古墳

大塚山古墳の東方約一キロの寺川左岸の微高地上には、一〇基程度の古墳が知られ、三宅古墳群とよばれている。もっとも北にある古墳が島の山古墳（島根山古墳）である（図7）。墳丘の全長一九〇メートル、後円部径九八メートル、前方部幅九三メートル、盾形の周濠を含めた長さは二六五メートル、幅一七五メートルである。後円部中心に竪穴式石室があるようで、石室天井石が周囲に持ち出されている。この石材は兵庫県の竜山石《たつやまいし》である。過去の盗掘で、多くの副葬品が持ち出された。

一九九六年の調査で前方部頂から粘土槨《ねんどかく》が検出された（図8）。東西一〇・五メートル、南北三・四メートルの墓壙内に全長八・五メートル、幅一・七〜二メートルの粘土槨があり、そ

図 7 ● **島の山古墳**
前方部中央が埋葬施設。

◀図 8 ● **島の山古墳の前方部頂の粘土槨**
中央に首飾りと左右に手玉がある。

図 9 ● **粘土の中に封じ込められていた石製腕輪**
鍬形石が集中して存在した部分。

の棺外には滑石製勾玉《かっせきせいまがたま》、臼玉《うすだま》、管玉《くだたま》、琴柱形石製品《ことじがたせきせいひん》など二五〇〇点が散在しており、棺上粘土中には車輪石《しゃりんせき》八〇、鍬形石《くわがたいし》二一、石釧《いしくしろ》三二、鉄小刀五が封じ込められていた（図9）。棺内には頭部周辺で、碧玉製合子《へきぎょくせいごうす》三、銅鏡《どうきょう》三、大型管玉五、竪櫛《たてぐし》一が、首から胸に相当する位置で、三連の管玉と親玉《おやだま》からなる首飾り、左右の手首には、二連の管玉からなる手玉《てだま》があった。その後の調査で、埴輪列、葺石が確認され、また、西側くびれ部には造り出しの痕跡が認められた。なお、埴輪には朝顔形円筒、盾形、家形、靫《ゆき》形などがある。また、墳頂のくびれ部から前方部にかけて、大型の粘土槨が存在していることが確認された。前方部の埋葬施設の被葬者は、手玉の存在から女性の可能性がある。

当古墳の位置は大和盆地の河川が合流する場にあり、交通の要所をおさえた場につくられていることが大塚山古墳群と共通している。また、大塚山古墳と島の山古墳の墳形規格が同じであるという点からも、この二つの古墳は関係が深いとみられる。

2　丘陵中央の古墳群

グループの中心・巣山古墳

巣山古墳は、南北方向の丘陵東斜面を利用して構築された三段築成の前方後円墳である（図10）。西から東へ下る傾斜面を利用し、西側では濠は地山を掘って、外堤は地山を削り出して造られ、東側は多量の盛土がおこなわれたと考えられる。

従来、墳丘規模は全長約二〇四メートル、後円部の径約一一〇メートル、高さ約一八メートル、前方部先端幅約九四メートル、高さ約一五メートルとされていたが、測量調査の結果、墳丘規模は全長約二一〇メートル、後円部の径約一一八メートル、高さ約一七メートル、前方部先端の幅約九六メートル、高さ約一五メートルであることが判明した。周濠・外堤を含めると、濠を造り、掘り出した土を墳丘および東側外堤に積み上げたと思われる。そのため外堤外側では全長三三三メートル、全幅二四五メートルの巨大な古墳となる。前方部頂部に長方形壇が存在する。

墳丘の裾部はほぼ全面にわたって侵食され、崖面に埴輪列が露出した状態になっている。この埴輪列は墳丘第一段目の平坦部に樹立されたもので、墳丘第一段の斜面は削り取られていると考えられる。このため墳丘基底部は、崖面の

図 10 ● **巣山古墳と周辺の古墳**（北より）
巣山古墳の前方部堤外に古墳状高まりがある。祭壇か、古墳の可能性がある。

下から周囲五メートル前後は広がる。

造り出しは、後円部と前方部の接点である連結部に長さ三〇メートル、幅二〇メートルの三角形の低い造り出しが取りつくタイプのもので、同じ古墳群内の巨大古墳、新木山古墳に類例がある。下段の周縁にはほとんど全部にわたって一重あるいは二重に埴輪を巡らせ、残存している部分は高さ二〇～二五センチにすぎないが、埴輪円筒の直径は二〇センチのものが多く、その配列の間隔は三五センチから四〇センチである。

破壊された石室　頂上の平坦面には現状では確認できないが、中央より西に偏して二個の竪穴式石室がある。盗掘などによりかなり破壊されているようだが、現状では石室は埋まっていて見られない。

西のものは長軸をほぼ南北にし、側壁は石英粗面岩《せきえいそめんがん》の厚さ一〇センチ、長さ三〇センチ前後の割石をもって積んでいる。天井石《てんじょういし》は四枚を残しているが、凝灰岩《ぎょうかいがん》様の加工した切石を横架したもので、南方の一石は長さ二・三メートル、幅九八センチ、厚さ二一センチ、次のものは幅八四センチ、その次の石は幅九五・五センチ、最奥のものは幅一〇九センチで二個に折れているると梅原末治の報文に記されている。四枚の天井石の幅を通計すると約四メートルとなる。石室の高さは側壁の崩壊によってはっきりしないが約一・一メートルの高さを有し、天井石の上には一・五メートルあまりの盛土がある。

この石室の東に約一・八メートルを隔てて、もうひとつの石室が並ぶ。深さ約一メートルのところに幅二メートルくらいの加工した天井石が三枚だけ見えるが、移動した形跡がある。

前方部にも一個の小石室があるという。これらの石室の破壊は明治年間におこなわれたが、遺物の多くは現在宮内庁書陵部に収められている。出土した遺物は、滑石製大勾玉一・小形滑石製勾玉三五・車輪石三・鍬形石四＋残欠・管玉六三・棗玉《なつめだま》三・石製刀子一一・石釧残欠・その他である（図11）。古墳の造り出しで石製刀子や滑石製斧が採集されている。

土木祭祀　巣山古墳で最近興味深い事実が確認された。そのひとつは外堤の濠内に存在した木製品である（図12・13）。いわゆる木の埴輪であるが、その形状からほぞがなく、何かに貼りつけられていたと見られる。形から靫を模したと思われる。格子窓のような透かしがあることから、内から外を見ることによって、邪悪なものを避けるという辟邪《へきじゃ》の意味があると考えられる。つまり古墳の外堤にはかなり大規模な施設を造って、こうした木の埴輪を置いていたと見られる。

　これに対し、前方部北西コーナー下で見つかったのは、鋤《すき》四、三叉鋤《みつまたすき》一、火きり臼《うす》二、掘棒《ほりぼう》一などであった。そしてこのいずれもが実用品と見られない小型のものであり、明器《めいき》である。古墳築造に必要な道具のコピーを作り、築造終了後、特定の場所に立て並べた、古墳築造の土木工事完了後の儀礼行為であろうと思われる。このように考えられる例はこれまでなく、葬送の儀礼と混同されかねないが、今回の場合は濠底に集中してあったことから、これらが置かれたのは濠にまだ水がほとんど溜まらないころとみられる。前方後円墳は寿陵《じゅりょう》であったと思われる。古墳完成から埋葬までかなりの年月があったなら、濠内にも雨水がかなり溜まって、このような儀礼ができる時期・時間は限られるとみられるので、これらの明器は古墳築造終了後す

滑石製大勾玉

滑石製斧

籠目土器

車輪石

鍬形石

図 11 ● 以前に出土した巣山古墳の遺物
滑石製大勾玉は他に例をみない大きなもの。頭部に直弧文のような文様が刻まれている。

ぐに置かれたものとみてよい。

葬送の葬具　前方部東側外堤内側の濠内で、大量の木材が出土した（図14・15・16）。このなかには、文様のある板や、同じような文様のある船形の波切板《なみきりいた》と思われる木製品（図17）があった。これは、葬送にかかわる葬具と考えられる。

濠のなかのジオラマ　さらに墳丘北側の周濠の中から島状張り出し遺構とも呼ぶべき、おおむね方形の土壇の遺構が見つかった（図18）。周濠の底に二メートルほど堆積したヘドロの中に埋まっていたもので、底から約一・二メートルの高さがあり、墳丘一段目の壇上から上面幅約

図 12 ● **巣山古墳の濠内北西隅から出土した木の埴輪**
格子窓のように穴があいている。

図 13 ● **前方部北西隅**
上：全景（北西から）、下：木製品出土状況（西から）。

図 14 ● **濠内北東隅の木器出土状況**

図 15 ● **船形木製品**（長さ 3.7 m）**と建築部材**（図 14 の細部）

図 16 ● **船形木製品の文様**
図 15 の反対側

図 17 ● **船形の波切板と思われる木製品**
濠内北東隅の最下層から出土。長さ 2.1 m、幅約 78 cm。図 15 の船形木製品の部品。『隋書倭国伝』に「屍を船上に置き、陸地之をひく」と記された葬送の記述を裏付ける資料。

一メートルの土橋でつながっている。方形土壇は、北側の二角が少し長くのびる形をしている。その大きさは一五×一五メートルである。土壇にはすべて葺石が施され、土壇上には一~五センチほどの白石がばらまかれていた。

北側にのびた二角の間には、洲浜《すはま》状に小さな礫《れき》が敷かれていた。濠の中に浮かぶ島のような雰囲気を演出している。葺石の下には木材が見えるところがあり、これは胴木《どうぎ》の可能性がある。四隅にはやや大きめの立石があり、神の依代《よりしろ》ではないかと思われる。土壇の周囲から細片と

図 18 ● 島状張り出し遺構
上：滞水した出島状遺構の北西突出部（北北西から）。
下：形象埴輪出土状況（南西から）。

なった埴輪が出土したが、現位置をとどめているものは少ない。埴輪には蓋《きぬがさ》七、家形七、盾形三、水鳥形三、囲形四、柵形一〇以上がある（図19）。それぞれ島状遺構に立てられていたと思われる。

この遺構の北側にも葺石で囲まれた8の字状の島遺構があった（図18上）。これは濠内に水がたまると完全に水没してしまうので、私は水鳥などの埴輪が水面に浮かんでいる様子を表すための施設ではないかと考えている。

水鳥形埴輪

盾形埴輪

壺形埴輪

柵形埴輪

蓋形埴輪

囲形埴輪と家形埴輪

家形埴輪

図 19 ● **巣山古墳出土の埴輪**
すべて島状遺構上にあったもの。

この島状張り出し遺構は同じものはないが類似したものとしては、大阪の津堂城山《つどうしろやま》古墳の濠内の島遺構がある。特に津堂城山古墳の三羽の水鳥が出土しているようすなどは、巣山のものとまったく同じである。この遺構は、おそらく被葬者の持っていた祭祀権を具体的に示しているものと考えている。神の依代の石の柱、囲形埴輪など、被葬者が生前持っていた権限、つまり神と対話できるというようすを濠の中に再現しジオラマ化したものであろう。

もう一つの巨大古墳・新木山古墳

新木山古墳は、南北走向の低位丘陵から東へ派生する小支丘を利用して築造されている（図20）。後円部は丘陵基幹部を利用し、後円部東側周濠も地山を削り出して築造されたと考えられる。墳丘全長二〇〇メートル、後円部径一一七メートル、同高一九メートル、前方部幅一一八メートル、同高一七メートルである。墳丘の主軸はおおむね東西にあり、両くびれ部に造り出しが存在する。造り出しの形態は巣山古墳のものに似ている。

周濠は後円部から南側は水田または畑となっており、前方部では宅地化している部分もある。北側は灌漑用池が掘られている。濠の幅は後円部で一八メートル、前方部で二二メートルほどである。外堤は水田、畑の畦畔《けいはん》として残っており、幅約二〇メートル前後と思われる。濠底は西から東にかけてゆるやかに下がっていたと予想されるが、中世に濠底まで削平されている。

外堤の高さは三メートル以上あったと考えられる。また築成は旧地形を整地した上におこなわれたことも判明した。墳丘内に埴輪列が存在することが確かめられている。

古墳の築造時期は方形透かしと有黒斑の円筒埴輪から五世紀前半と考えられる。出土遺物として宮内庁に勾玉、管玉、棗玉などが所蔵されている。巣山古墳とほぼ同形、同規模の古墳であるにもかかわらず、あまり注目されないのは陵墓参考地となっており、立入りが許されないからであろう。

帆立貝式古墳

馬見古墳群の中には通常の前方後円墳より前方部が短い、いわゆる帆立貝式古墳と呼ばれる古墳が多く存在する。巣山古墳の周辺には、規模の大きい帆立貝式古墳が特に多いことが注目される。

池上古墳　この古墳は後述する乙女山古墳とともに名高く、かつて田《た》村《むら》吉《よし》永《なが》・小林行雄らによって紹介されているが、一九九二年に外形測量と部分的発掘がなされた。

墳丘は三段築成で、一段目の埴輪列は墳裾を示すもので、径二〇～二五センチ程度の円筒埴輪が、一・三～一・五メートルほどの間隔をおいてまばらに立てられている。各段の斜面には葺石がある（図21）。葺石は大型の石を縦に積んで目

図20 ● **新木山古墳**
下の森は、復元前の帆立貝式の石塚古墳。

地を通し作業単位をつくって、その間に人頭大からこぶし大の石を積む方法をとっている。墳丘長は九二メートル、後円部径八〇・六メートル、前方部長一一・四メートル、同幅三二メートル、外堤を含めると、全長一三〇メートルの規模になる。古墳の築造は五世紀前半と推定される。

この古墳の外堤には、墳丘状高まりがあったが調査の結果、径約二五メートルの円墳で埋葬施設は墓壙内に粘土床を設けたものであることがわかった。盗掘によってひどく荒らされ破壊されていたが、残存箇所にU字形の窪みがあり、割竹形木棺《わりだけがたもっかん》が納められていたと思われる。遺物は棺の西端より管玉一六個が二連に繋がった状況で検出された。ほかに盗掘坑から管玉・鉄器片・銅鏡片などが出土した。

乙女山古墳　日本最大の帆立貝式古墳として著名な古墳である（図22）。昔、開墾されて勾玉、刀子、臼玉、紡錘車《ぼうすいしゃ》、鎌などの多くの滑石製模造品が墳頂部分から採取されている。埋葬施設については石材などが見られないことから、粘土槨だと見られている。

一九八七～八八年にかけて測量と一部の発掘をおこなった。古墳は東南にのびる小支丘を切断し、おもに地山整形によって築かれた古墳で、周濠は後円部側に設けられた土橋によって五分割されている。つまり南に傾斜する丘陵を利用した結果で、これにより周濠のレベルが保た

図21 ● 池上古墳
くびれ部の葺石と埴輪。

れている。

測量の結果、全長一三〇メートル、後円部径一〇四メートル、同高一四・七メートル、前方部長三〇メートル、同幅五二メートル、同高三・五メートル、後円部南側には、長さ約一一メートル、幅約二三メートルの造り出しが附設されている。南側に見られる堤は、すべて盛土によって築かれている。堤は約三一メートルの幅で、周濠南角より造り出しにかけての部分が良好に遺存している。前方部前面の堤は二二メートルほどの幅である。

葺石は両くびれ部および造り出しで確認した。造り出しの葺石は基底石が一定の幅で段差を持っており、それが葺石目地に対応する部分も観察された。これは作業単位と考えられ、基底石で三～四個、長さ一～一・六メートルの幅を持っている。

円筒埴輪列は、造り出し部で現位置のものが検出された。埴輪列は、底径がすべて二〇センチ前後で、古墳の規模にくらべて小ぶりである。造り出しでは、円筒埴輪の前面に形象埴輪の配置が確認された（図23）。家形埴

図22 ● 乙女山古墳
上方の集落は佐味田。

輪二個と楕円形埴輪二個で、このうち家形埴輪の一棟は、切妻造りに復元された。なお、現位置にはなかったが、ほかに蓋《きぬがさ》形、壺形などの埴輪も存在した。円筒埴輪内には、土師器小型丸底壺が納められていた。後円部頂上付近でも家形および鰭《ひれ》付き円筒埴輪の破片が採集されている。また、多くの前期古墳に見られるように、白色の円礫が墳頂で採集されている。

三吉二号墳　当古墳は、巣山古墳の西方にある（図10参照）。後円部の東側四分の一ほどと北端の墳丘部分は削平されている。また残りの墳丘も、宅地や果樹園、道路造成などで、墳形は明らかでなかった。

一九九二年および九三年の調査によって墳形が帆立貝式であることが確認された。全長八九・八メートル、後円部径七八・四メートル、前方部幅四一・二メートル、くびれ部幅三二・六メートルと復元された。前方部外堤上では、五世紀後半の埴輪棺埋納土壙が検出された。築造年代は、五世紀後半代と考えられる。

狐塚古墳　狐塚古墳は、南面する帆立貝式前方後円墳である（図10参照）。発掘調査の結果と外形測量図で墳丘規模を測定すると全長八六メートル、後円部径六六メートル、同高七メートル、前方部長二〇メートル、同復元幅二五・五メートル、同高五メートルである。前方部基底とみられる等高線は標高五七メートル、後円部東裾五七メートル、西裾五八メートルで東裾は

図 23 ● 乙女山古墳の埴輪列
左から 6 本目の円筒埴輪から 1 本分下げておかれていた。内に入る部分か。下の埴輪は家形と楕円形埴輪（何かの台）。

一段低く、東側の側面観を増すように築かれている。空濠外堤までの全長は九九メートル、後円部での東西幅七七メートルである。

墳頂部下に東西長六・七メートル、南北幅三・八メートルの墓壙《ぼこう》があった。墓壙には数回にわたって盗掘された穴が存在し、墓壙や棺槨《かんかく》は破壊されていた。排水溝は墓壙西南隅から、墓壙の主軸よりやや西へ曲がりながらも、ほぼまっすぐ一四メートルにわたり墳丘くびれ部側斜面付近までのびる。

盗掘により原位置を保つ遺物は検出できなかったが、盗掘坑内より鏡の細片、刀子の破片、そのほかを検出し、ほかに石鏃《せきぞく》、土師器《はじき》などがまじって出土した。鏡片は突線で描かれた文様が残っているが、細片のため鏡式は不明である。刀子も小片であり、残存長三センチで木質を残している。

石塚古墳　主幹丘陵から派生した小支丘を利用し、地山整形によって築かれた古墳で、新木山古墳の西に位置する（図20・24・25）。測量の結果、全長四五メートル、後円部径四〇メートル、後円部高六・五メートル、前方部長七メートル、前方部前端幅二二・五メートル、前方部高三メートルである。東面する帆立貝式古墳であることが確認された。

周濠は地山を削り出して造られており、濠底で幅約三メートル、深さ一メートルほどと考えられ、墳丘側、外堤側に向け一・五メートルほど葺石

図24 ● **復元された石塚古墳**
左：整備された墳丘、右：前方部南東隅部の陸橋の復元。

が施されたと考えられる。ただし、前方部では濠底幅は一・五メートルと縮小する。外堤は後円部で八メートル、前方部で五メートルほどであったと考えられる。葺石は、周濠部と墳丘部に葺かれていた。

円筒埴輪は墳丘第一段テラスに密に樹立され、数本単位ごとに朝顔形埴輪が立てられていた。

帆立貝式古墳の意味　馬見古墳群の丘陵には、帆立貝式古墳が多く、古くは田村吉永によって乙女山古墳と池上古墳が学界に紹介されている。なかでも、乙女山古墳は全長一三〇メートルの規模をもち、日本最大の帆立貝式古墳である。

このような帆立貝式古墳にどのような意味があるのか。帆立貝式古墳は円墳に造り出しが付属したものであるとの考え方もあり、実際、岡山県の月《つき》の輪《わ》古墳のような例もあるが、乙女山古墳では実測と発掘によって造り出しをも付帯していることがわかった。初期の古墳は前方部が未発達でありこれらも帆立貝式古墳といわれることがあるが、馬見古墳群の場合は、定形化した前方後円墳がすでに存在する時期に、このタイプの古墳が存在するので、前方後円墳の変化形として位置づけられる。百舌鳥《もず》古墳群では一〇〇メートル以下の古墳は帆立貝式であり、一〇〇メートル以上は通常の前方後円墳の形をとっている。ここでは古墳の規模によって、その区別

図25 ● 石塚古墳
左：前方部南端、右：くびれ部。

がなされているといえる。

百舌鳥古墳群よりやや早く造墓が始まった馬見古墳群の帆立貝式古墳の中では、乙女山古墳が最も古く最も大きい。この乙女山古墳を除くと他の帆立貝式古墳は、いずれも六〇～八〇メートル級である。そして、これらの古墳と同時期に一〇〇メートル以下の通常の形の前方後円墳も存在する。ただ、巣山古墳群だけを見ると最も新しいダダオシ古墳を除外すると、百舌鳥古墳群と同じように規模の大・小が前方後円墳と帆立貝式古墳の差であるといえるかもしれない。そして前方後円墳と帆立貝式古墳が対となって築造されているのではないかと思われる。

各地でも、前方後円墳と大型円墳などが近接して築かれている場合がかなりある。これと同じで、巣山古墳と乙女山古墳、新木山古墳と石塚古墳、倉塚古墳と三吉古墳、築山古墳と円墳のコンピラ古墳というようにそれぞれが対になって築かれているように見える。

もしこのようにいえるならば、古代史上での問題であるヒコ・ヒメ制度の現れともいえるかもしれない。政治権を持った男性と宗教権を持った女性が対となって国を治めるというものである。男性と女性の墓が、前方後円墳と帆立貝式古墳の差かもしれない。

大型円墳

坊塚古墳　佐味田の集落の位置する狭長な谷間に向かった尾根の先端を加工する典型的な丘尾切断の円墳（図22・26）で、測量による計測では径五四メートルであったが遺存した埴輪列では径六〇メートルの規模となった。墳丘を取り巻く埴輪列は、丘尾を切断してできた堀状の部分で最下段のものが一部確認できただけであったが（図27左）、墳頂や中段にも存在したらしい。各地点で出土した形象埴輪には家形・蓋《きぬがさ》形・短甲《たんこう》形・盾形などがあった。

葺石については下段の傾斜面にその存在を確認したが、他ははっきりしなかった。葺石の基底に接した状況で埋め込まれた礫列が確認された。おそらくこれは墳丘の排水施設と考えられる（図27中）。埋葬施設（図27右）は、墳頂部分が大盗掘を受けていたのではっきりしないが、やや小さめの土壙があったので、おそらく石棺を直葬したものであると判断する。当古墳は土砂採取のために調査後削平され現存しない。

坊主山古墳ほか　池上古墳の南側の尾根上に築かれた径約三六メートルの円墳であるが実体はわからない。池上古墳の北東にも径約三〇メートルの円墳が存在している。また池上古墳の北側に小規模な円墳が数基点在している。

巣山古墳の周辺には、規模の大きい円墳がいくつか存在する。別所下古墳は、「雨山古墳」ともよばれる。かつて前方後円墳や帆立貝式古墳と見なされてきたが、調査によって円墳であると判断された。検出された埴輪列は墳丘第一段の肩部に位置し、復元

図26 ● 坊塚古墳
尾根の端部を切り下げて整形された丘尾切断の円墳であることがよくわかる。

径四四メートルで円形状にめぐるが墳端で径五八～六一メートルである。円筒埴輪には普通の円筒埴輪、鰭付円筒埴輪、朝顔形円筒埴輪がある。五世紀中～後半のものらしい。

新しく確認された大古墳

全長一〇〇メートルを超えるような前方後円墳が新しく発見されることなどは、最近ではまったく聞かない。それほどに各地での古墳の分布調査が行き届いてきたからであろう。

今から三〇年ほど前、巣山古墳の北側で寺戸《てらど》遺跡の発掘調査をおこなっており、遺跡の西側の丘陵上の森が古墳状の盛り上がりとなっていることに気がついたのである。そこで発掘の合間に踏査したところ、まぎれもなく古墳で、しかも前方後円墳であることがわかった。地元では狐塚として古墳と認識されていたのだが、一九七〇年の奈良県遺跡地図の作製のためにおこなわれた分布調査では、これを含む一帯が抜け落ちてしまっていたのである。狐塚は道路新設の予定地にすっぽりと入っている。これより少し前、大型円墳である坊塚古墳の調査をおこなっていたおりにも、寺戸遺跡の一部に丘陵を加工した方墳を見つけたのである。文代山《ぶんじろやま》古墳（図2参照）であり、さらに丘陵上にも大型の前方後円墳

図 27 ● 坊塚古墳の調査
左：丘尾切断部分の埴輪列、中：墳丘裾の排水施設、右：埋葬土壙。

（一本松古墳）をも発見した。

文代山古墳　馬見丘陵唯一の独立方墳であるこの古墳（図28）は、文代山と地元の人たちがよんでいた。

周濠は同一レベルでは回らず、各辺がかなり高低差を持ちながら古墳をめぐっている。濠の幅は約二〇メートル。墳丘部分は南北四四メートル、東西四〇・五メートルのほぼ正方形で、一九九八年から二年間、墳丘の範囲確認調査がおこなわれ、葺石の存在が確認された。また、墳丘の西側に細長く造り出し状の張り出しがあることが確認された。この部分で猪《いのしし》形埴輪・甲《よろい》形埴輪や円筒埴輪が出土した。

かつて地元で墳丘中央の畑地から石棺が出土したといい、この石棺材を古墳の西方の下池の樋門《ひもん》のところに使ったということで、その後樋門の改築の際、一枚の石を引き上げて付近に放置したとのことであった。この石は長持形石棺の底石のようである。石材は兵庫県の竜山石と思われる。

一本松古墳　文代山古墳近くの竹林も古墳に見えたので踏査してみると一〇〇メートル以上の長さがあった。当時は竹藪や雑木林になっていた。かつて開墾されたらしく、

図28 ● **文代山古墳**
右上：遠景、下半部の水田と畑が濠。右下：墳丘裾の葺石。
左：測量図、造り出しがまったく見えない。

全体に低くなっており、土地所有の境界の溝が掘り荒らされていた。測量の結果、全長一三〇メートル（図29上）。内部構造については明らかでない。この古墳を発見した当時、古墳の名前がなかったので大字の名をとって寺戸前方後円墳としたが、その後この山が一本松とよばれていることが判明したのでこれを古墳名とした。

倉塚古墳　かつて径九〇メートルの円墳といわれていたが、測量の結果は全長一八〇メートルの大前方後円墳になった（図29下）。後円部の径は一〇六メートル、同高一二メートル、前方部幅約七〇メートル、墳丘の東北部には周濠状の地形があり、その外堤というべきところに、円筒埴輪が立てられていた。倉塚古墳本体の埋葬施設は明らかでないが円筒埴輪列の間から円筒棺が検出されている。円筒棺は円筒埴輪の大きいものを二つ結合し、その両端は朝顔型埴輪の上端部を蓋にしたものである。この棺からは鉄剣一口と鉄鏃が一塊出土している。倉塚古墳の西南でも、もう一基の円筒棺が出土している。倉塚古墳の築造

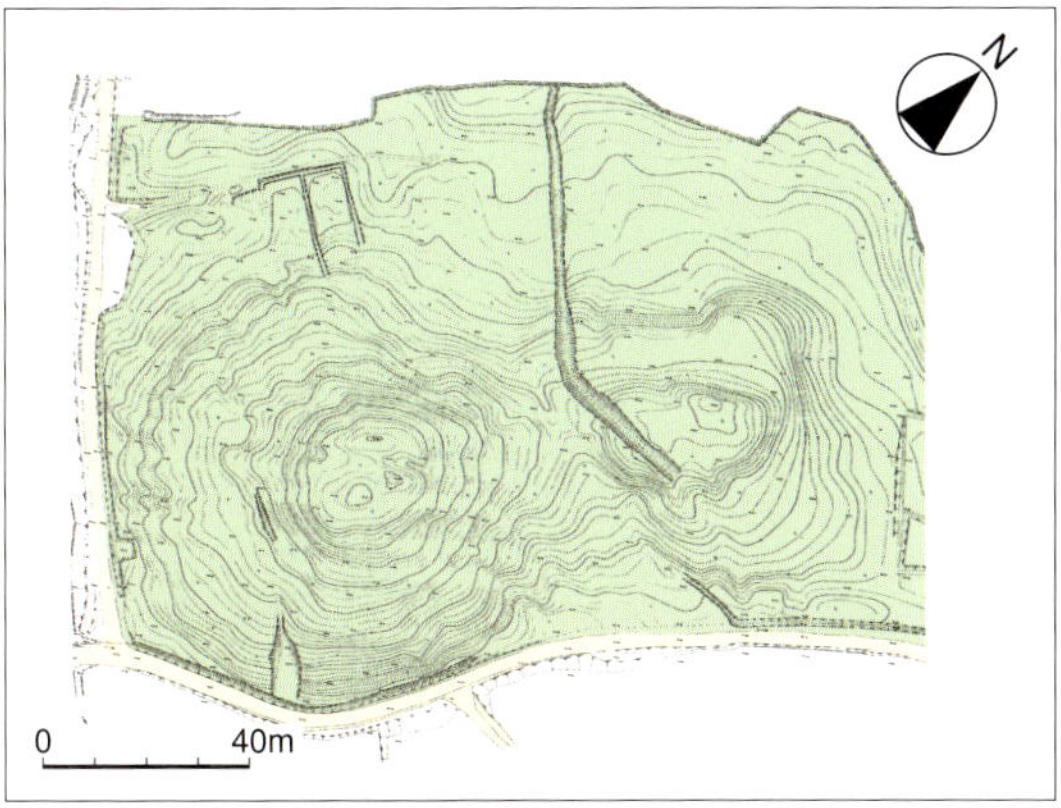

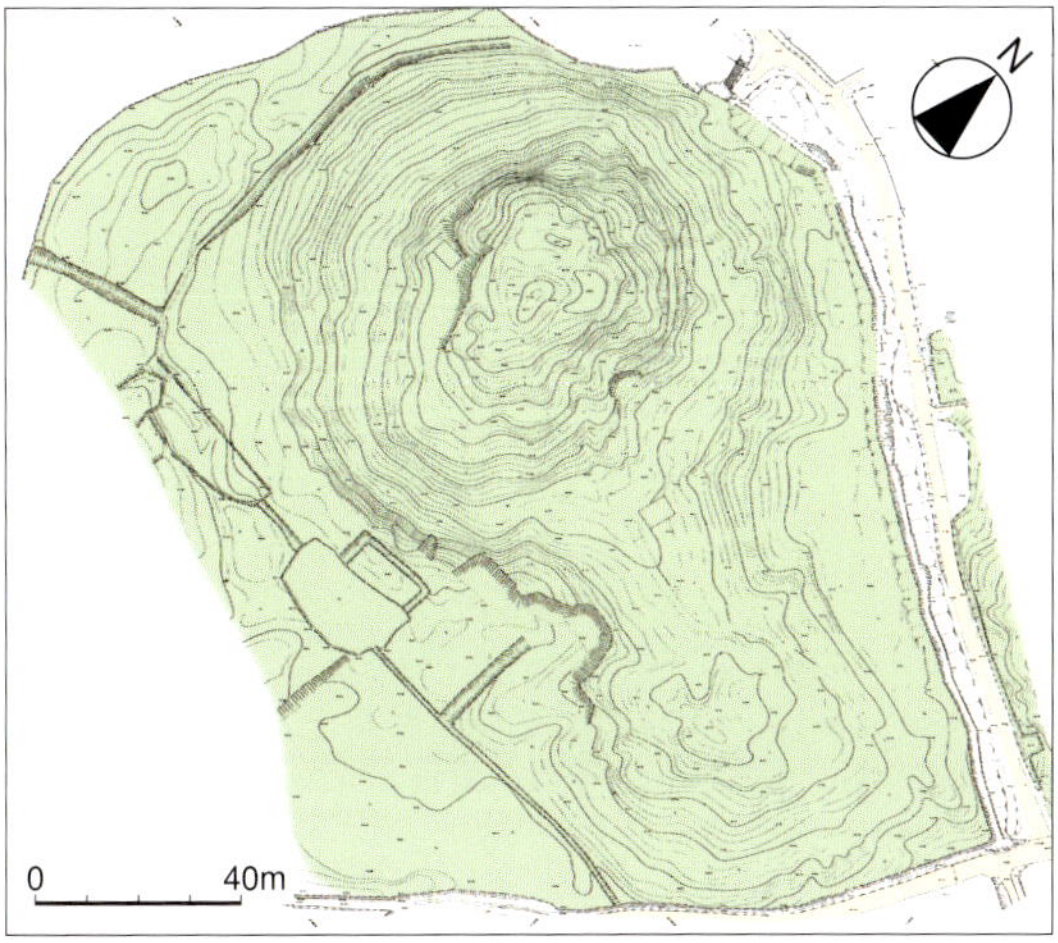

図29 ● 一本松古墳（上）、倉塚古墳（下）測量図
倉塚古墳は、測量図によると前方部がきわめて低く、古い形をなしている。

年代は中期前半と考えられ、巣山・新木山古墳につづく大型古墳として重視される。
巣山古墳の周りにはとてつもなく大きな古墳が集まっていたことを一九八〇年ごろには確認していたが、これらの古墳が本当に大型の前方後円墳であることを証明するには少なくとも測量をしなくてはならない。それが実現できたのは一九九八年のことで、なんと発見から二〇年ほどもかかってしまったのである。

巣山古墳周辺の中・小規模の前方後円墳

これまで述べてきたように、馬見丘陵の東縁部の中央付近には、巣山古墳や新木山古墳をはじめとして、数十基以上の大・小の古墳が散在している。私はこれらを総称する形で巣山古墳群とよんでいる。近年この地区が都市公園化され、古墳は残ることになったが公園整備のために発掘調査がなされ、小規模な古墳が若干発見されている。

大塚古墳　村道の拡張工事に伴い、大塚古墳が採土場になったので、緊急調査がなされたのが一九六一年のことであった。全長六五メートルの前方後円墳で、調査時すでに墳丘は削平されており、高さは後円部でもわずかに三メートルしかなかった。前方部前面とくびれ部に円筒埴輪の破片が検出され、また礫が認められた。埋葬施設はすでに削平されていた。古い調査であり、当時としてはやむをえないが、限られた発掘しかしておらず、不備な点は多い。しかし古墳の周濠などは今も田畑の中に残っているはずであるから、将来の発掘調査が必要である。

讃岐《さぬき》神社《じんじゃ》古墳　巣山古墳の後円部側、外堤に接するようにして全長六〇メートル程度の前方後円墳が存在したのではないかといわれている（図10参照）。ここに讃岐神社があって、神社本殿のある所がやや高く、このあたりを後円部とし、東側に道路を挟んで高まりがあったという。

遺物には、長さ三・八センチの滑石製壺二個と管玉を短く、太くしたような滑石製品二個、そして五個の琴柱形石製品がある（図30）。これらの遺物から見て五世紀前半のころの古墳であろう。

ダダオシ古墳　小型の前方後円墳で、周濠やその外堤が遺存した典型的な前方後円墳であったが、一九七一年の夏に前方部西側が破壊された（図10参照）。全長四八メートル、後円部径二九メートル、同高七メートル、前方部の幅約二〇メートル、同高四メートル、後円部にくらべて前方部が低い形態の古墳であった。

濠と堤は墳丘の東側面にのみ認められ、西側面および前方部前面の南側には本来なかったものと見られる。濠の幅は、後円部の東側で、約八メートル。現状では埴輪、葺石などの外部施設の存否についても明らかでない。埋葬施設についても同じである。近年に周辺の発掘がおこなわれたが、濠を検出したのみで前方部は痕跡もなかった。中期末から後期古墳と考えられている。

ナガレ山古墳　巣山古墳の北西にある古墳（図31）で、一九七五年の土取りにより墳丘の四分の一が破壊され、緊急調査がなされた。一九八八・八九年には

図30 ● **讃岐神社古墳出土遺物**
左：壺形石製品、中：管状石製品、右：琴柱形石製品。

史跡整備に伴う調査もなされた。

全長一〇五メートル、後円部径六四メートル、前方部幅七〇メートルの規模である。墳丘には二段にめぐる埴輪列が確認され、また葺石がほぼ全面にあった。特に東くびれ部には、墳丘一段目をめぐる埴輪列が良好な状況で検出され、直径三〇センチほどの円筒埴輪が密に立て並べられていた。くびれ部から前方部よりで、一段目埴輪列に直行し二列に平行して樹立された埴輪列が検出された（図32右）。この二列の埴輪列は幅二・五メートル、長さ六・五メートルにわたって確認された。この埴輪列は墳丘斜面にも入り込んで立てられており、墳丘鞍部に上る通路と考えられた。くびれ部には全面にわたってバラスが敷かれており、その上面からは家形・盾形・囲形などの形象埴輪や石製模造品（刀子・鑓《やり》）が出土した。

後円部は発掘されていないが粘土槨らしい粘土の一部が認められている。

前方部にも埋葬施設があった。前方部の中央よりやや南によったところで、南北五・三メートル、東西二・八メートルの南北に長い長方形の土壙があり、この中に、長さ四・七五メートル、幅一・四メートルの粘土槨があった（図32左）。木棺材は残っていなかったが、棺の内部

図31 ● ナガレ山古墳
半分を完全復元、残りは現状のままにおく整備がなされた。

に塗られた赤色顔料により木棺の構造が復元されている。組合箱形木棺で底板・側板二・蓋板・小口板二・小口仕切り板二の八枚で構成されていたと考えられている。木棺は全長約四メートルで、幅は北小口で内法《うちのり》四六センチ、南小口で内法三八センチあり、北側が広くなっている。水銀朱が北側に多量にあることからも頭を北に向けて埋葬したものと思われる。副葬品は棺内にはまったくなく、棺外に刀形・鋤先形・鎌形の鉄製品があった。

ナガレ山古墳の北側には、五基の古墳が知られている。

ナガレ山北三号墳　径約六〇メートルの円墳で、円筒埴輪・朝顔形円筒埴輪・鰭付円筒埴輪などが採集されている。

ナガレ山一・二号墳と四号墳　いずれも径約一七〜一八メートルの円墳。

ナガレ山北五号墳　直径約一〇メートルの円墳らしい。葺石は認められないが、周溝から埴輪片が出土した。

ナガレ山の北側、乙女山古墳との間の丘陵上にも小型の古墳がある、小字名からカタビ一〜四号墳とよんでいる。

カタビ一号墳　埴輪列と周濠を検出した。墳形は約二〇〜二二メートルの方墳である。主体部は完全に削平されていたが、滑石

図 32 ● **ナガレ山古墳前方部粘土槨**（左）、**くびれ部埴輪列**（右）
左：珍しい箱形木棺を包んだ粘土槨、右：人のいる部分に見える埴輪が2 列の埴輪列の一つ。

製模造品（鎌形）一点が出土した。周辺から円筒埴輪・朝顔形埴輪・蓋《きぬがさ》形埴輪・家形埴輪がかなり出土した。

カタビ二号墳　径二〇メートル、高さ一・五メートルの円墳で、長さ三・三メートル、幅一・八メートルの長方形の墓壙の内に棺を置いていた。棺内から須恵器、土師器が出土した。

3　丘陵中心部の前期古墳

佐味田宝塚古墳

明治一四年（一八八一）に大量の鏡が出土したことで知られる宝塚古墳（図33）は、河合町佐味田小字貝吹にあるので貝吹山古墳ともいわれる。しかし、貝吹山古墳と名づけられた古墳が宝塚古墳に隣接して存在する。地元では宝塚古墳を黄金山《こがねやま》と称している。かつて梅原末治がなぜ宝塚古墳としたのかはっきりしないが、とにかく宝塚古墳の名で学界によく知られた古墳である。

外形や外部施設については一九八六年の調査によると、墳丘規模は埴輪列が墳丘基底線に該当するものとして復元した場合、全長一一一・五メートル、後円部径（東西）約六〇メートル、前方部幅約四五メートル、後円部高約八メートル、前方部高約八メートルとなる。やや大きな後円部に狭長な前方部をつけた古式古墳として確認できる。段築は現状で二段築成である。

後円部は丘陵の上部にあるため、後円部一段目段上部分は前方部二段目と同一レベルとなる。

これを前方部側から見れば前方部二段と後円部上段を合わせて三段築成のように見える。外部施設として葺石と埴輪が確認されている。

埴輪は墳丘裾をめぐると推定される後円部側の一一本（図34）、およびくびれ部の左右上段で各一本が原位置で検出された。くびれ部のものは後円部埴輪列と同一円周上に位置し、同じ列中にあるものかもしれない。ただ、くびれ部では左右いずれの部分でも形象埴輪片が多く出土しており、この円筒が形象埴輪の台であった可能性も考えられる。後円部裾の埴輪は残存状況や周辺に散乱していた破片から、すべて鰭付き円筒埴輪であるようだ。

盗掘された古墳　後円部北側では、墳頂部盗掘時に掘り出した土砂の堆積がみられ、この土中から車輪石の小破片が出土している。盗掘されたさいの副葬品中には車輪石の出土が確認されていないので、これは新たな事実である。古墳の墳頂で、かつて採集されたという鏡の小破片が地元小学校に保管されていた。三角縁神《さんかくぶちしん》獣鏡《じゅうきょう》の破片である。梅原の報告書に示された鏡（二五枚）のいずれの破片でもなかったが、東京国立博物館収蔵の三角縁三神三獣鏡に接合した。このため、宝塚古墳出土と伝えられる鏡のすべ

図33 ● **佐味田宝塚古墳**
後円部が高く前方部が低い典型的な前期古墳。

てが当古墳から出土したことが確かめられた。車輪石・鏡片等の存在は、当古墳にまだかなりの取り残しの副葬品が残っていることを示すものである。

当古墳が盗掘された時の状況は「後円部頂上より約四五尺にして幅二尺、深三尺内外の小石を以て積める楕円形の輪状の如きものあり、内部は粘土を以て埋もれたるが、之を見るに一部分に朱の附着せるものありしを以て、其の部を発掘せしに刀剣、槍先、甲冑等の腐蝕して互に附着し塊状をなせるものを発見し、更に内部全部を掘り拡げしに長さ六尺、幅三尺内外、即ち略畳一枚の大きさに等しき木船あり、其の上部に鱗状をなして三六面の鏡の存せるを掘出し、船の前の土中より勾玉、管玉、石釧、香盒等無数の石製品を、後方両側より刀片其他を発見せしなりと云ふ。而して其の鏡は完全なりしは二〇面に足らざりしも、存在せる鈕の数よりその三六面なるを知るを得たり」と記されている。

最近の類例等を参考に埋葬施設と遺物出土の状況を復元すると、梅原が報告に示した宝塚内部遺物配列略図は誤りであり（後に梅原は長大な木棺を入れた粘土槨を復元している）、三六面の鏡の下にあった木船はおそらく割竹形木棺で、鏡の存在した部分のみが銅イオンの関係で残存、前後の部分は消滅してしまったのであろう。周囲を石による排水溝で囲んだ粘土槨が埋葬施設であったことは誤りない。

図 34 ● 佐味田宝塚古墳後円部埴輪列
埴輪の上部の高さをそろえるためか、下部を割っているものがある。

副葬品　出土した遺物（図35）は宮内庁と東京・奈良の国立博物館等に収められたため、その数についても色々と差があったが、梅原がこれを整理している。その結果、鏡三六面・勾玉（硬玉製八個・滑石製一〇個）・管玉一九個・銅鏃二四本・巴形銅器一個・鍬形石一個・石製合子一個・石製刀子三四個・石製剣二個・鑿石製品一個・斧形石製品一個・紡錘車三個・鎌形石製品二個・石斧二個と数えられた。

馬見古墳群内で鏡を出土する古墳にはかなりの特色が見られる。最も古い一群の古墳の中に鏡の存在があり、やや新しい巣山古墳には盗掘されているとはいえ鏡が知られていない。巣山古墳と同時期と思われる島の山古墳でも、仿製鏡《ぼうせいきょう》三面があったのみで鏡のかわりに石製腕飾類が多量に投入されていた。鏡の副葬が少なくなる時期であろう。

馬見古墳群の鏡を特徴づけているのが新山古墳と宝塚古墳である。この二基の古墳はいずれも全長一二〇〜一三〇メートルの規模であり、三十数枚の鏡が副葬されていたという点で似ている。しかし、その埋葬施設は竪穴式石室と粘土槨であり、墳形も前方後方墳と前方後円墳であり異なっている。

一方、これらの古墳よりは古いと思われる他地域の黒塚《くろづか》古墳（全長一三〇メートル）、椿井《つばい》大塚山《おおつかやま》古墳（全長については諸説があるが、私は一四〇メートル程度と考えている）のいずれもが三四〜三六枚の鏡を副葬していることから、ある時期墳丘の規模に合わせて鏡の副葬数が決まったということもできるかもしれない。また、この二基の古墳の鏡には、古いタイプの鏡と新しいタイプのものが混在しているという特色がある。

石製合子

鍬形石

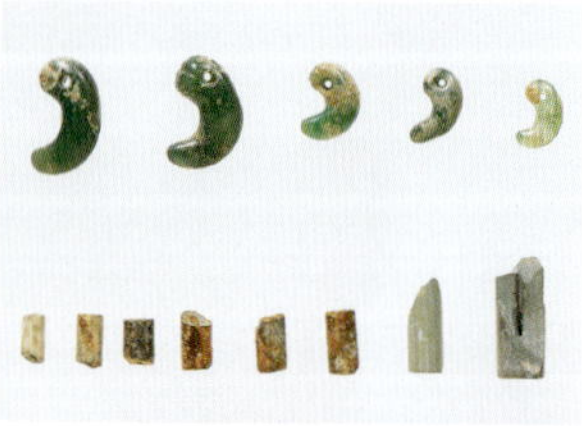
硬玉製勾玉と管玉

巴形銅器

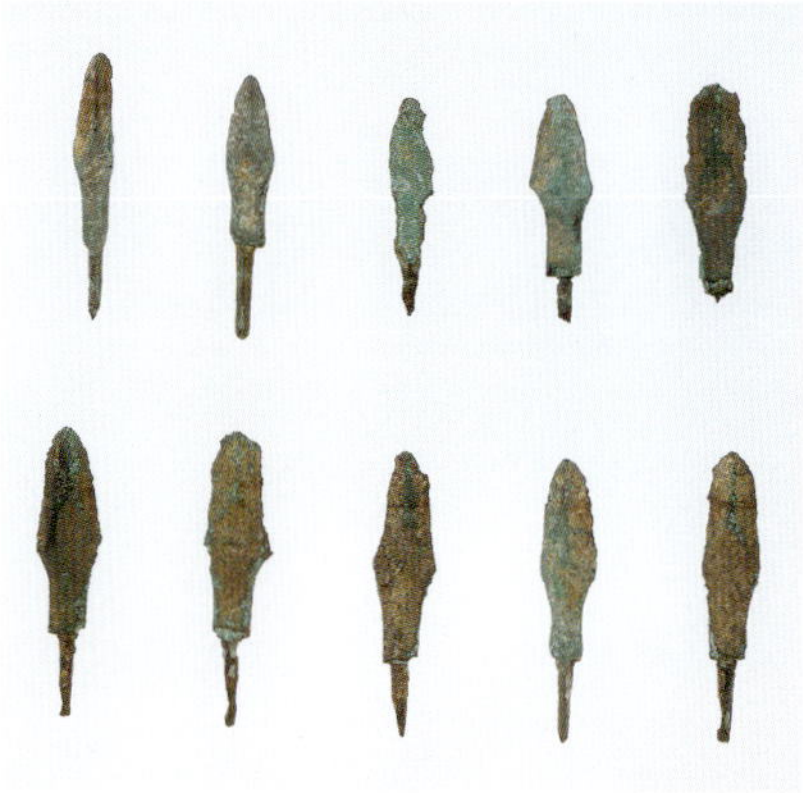
銅鏃

滑石製刀子

滑石製剣

滑石製品

図 35 ● 佐味田宝塚古墳の盗掘による副葬品の一部

家屋文鏡　宝塚古墳の三六面の鏡の内で、最もよく知られた鏡はいわゆる家屋文鏡《かおくもんきょう》である（図36）。この鏡は、鏡としてよりも鏡背の文様の研究がなされてきた。この鏡の四軒の家屋には呪術的な表現がある。家と家の間に枯木の表現がある。三軒の家の屋根には鳥がとまっている。二軒の家には傘形の飾りのついた柱が建てられている。このような表現は祖先神や土地神の依代であることを示している。

森から木を切ってきて村中に立てる。その木はそのうちに葉が枯れて枯木が立っているように見える。このような依代を立てる風習は中国の西南地帯の少数民族の中にもあった。

鳥は神・魂を運ぶものである。そして、傘形も依代である。つまり、この鏡の文様は古代の精神世界を表しているのである。なぜ鏡にこのような文様が描かれたのかわからないが、古墳の周囲に立てられた木製品などに、このような依代がある。つまりこの鏡は極めて強い祖先崇拝を示している。祖先を祭ること、それこそ首長権を持って

図36 ● **佐味田宝塚古墳出土家屋文鏡**（径22.9cm）
あらゆる舶載鏡の文様を部分的に取り入れた鏡である。

いることであり、宝塚古墳の被葬者の性格を示している。

貝吹山一号墳

宝塚古墳の後円部北側にあるこの古墳は宝塚古墳発掘の折、当時の町長木下一太氏より鏡の出土地点を教えられたので測量した。測量図によれば径三〇メートルほどの円墳状で残っているが、仮に前方後円墳であったとすれば、その部分を含めて北へ延びる数十メートル以上の墳丘が想定できる。

当古墳は一八八六年にその前方部から鏡七面が出土したという（図37）。この古墳出土と伝える七面の鏡が宮内庁に所蔵されている。それらの鏡は、宝塚古墳などに同型鏡がある三角縁神獣鏡（三角縁三神二獣博山炉鏡）の一面以外は、面径の割に内区が小さい獣形鏡系統の三面の鏡（一面はいわゆる鼉龍鏡《だりゅうきょう》）

仿製内行花文鏡（径 17.2 cm）

三角縁三神二獣博山炉鏡（径 21.6 cm）

鼉龍鏡（径 22.7 cm）

図 37 ● 貝吹山 1 号墳出土鏡の一部

と、特異な文様構成の四花文の例を含む三面の内行花文鏡《ないこうかもんきょう》からなっていて、多くの三角縁神獣鏡の他は方格規矩鏡《ほうかくきくきょう》や神獣鏡《しんじゅうきょう》が主体の宝塚古墳の鏡群とは様相が異なる。鏡の組合せからみて当古墳は前期後半の古墳であったと思われる。

なお、この古墳の南にある宝塚古墳の南にも直径三〇～四〇メートルほどの円墳がある。貝吹山二号墳と名付けたこの古墳はすでに墳丘の半分以上を削平されていた。墳丘の断面を削って確認したが、盛土のほかはなんらの変化もなかった。埋葬施設はすでになくなっているとみられる。

4　丘陵南端に位置する古墳群

新山古墳

新山古墳は南面する前方後方墳である（図38）。明治一八年（一八八五）に後方部が掘られ、竪穴式石室と見られる埋葬施設内から多数の鏡を含む副葬品が取り出された。この副葬品のほとんどが宮内庁に入り、古墳は陵墓参考地とされた。このような内容の豊富な古式古墳は、多くの研究者の注意を引いたもので、後藤守一や梅原末治らの副葬品にかかわる報文が出された。その中で梅原は当古墳を前方後円墳としたが、後に前方後方墳と訂正した。

古墳の規模は全長一二六メートル、後方部長六七メートル、前方部高約一〇メートル、前方部幅六六メートルである。

現在、宮内庁の陵墓参考地となっていて内部に入れないため墳丘の状況を確認できないが、段築があるらしい。また梅原末治の報文によれば円筒埴輪列が並んでいたとも記されている。

内部構造　新山古墳の内部構造については、発掘者の証言によると「室の天井石とも見るべき大石は、当時の表土面より約四尺下にあり、二枚より成りしが、其の室は南壁と東壁とは完存せしも、西、北の両面は既に崩壊し……東壁及び南壁に就いて見るに、堅緻なる扁平の割り石を積み重ねて造れるものにして、その高さ凡そ五尺内外ありしと記憶し、竪横またこれと大差なく、もとの方形に近き箱形なりしと思はれたり。室の底には栗石を敷きつめたり、これを掘れるに深さ三四尺にして、扁平なる数個の割石を東西に立て並べたる南北に長き一区画あり、東西の両石の距りは約二尺五寸、石並びの長さ六七尺もあり、石材は上端を並べ、内は油練りの堅緻なる粘土を以て固め、外は上方同様栗石を敷けるものなりき。……室の中央より稍南に扁せる位置に、東西より直刀身各二本を交叉して立て、其の本を小石にて固めたるものの存在を発見せしを以て、怪しみて、刀の下方を調べたるに、其の刀身の茎の端に近く、両側に一個宛の燭台の形を呈せる石製品あり、交叉せる刀の中央下部に多数の鏡鑑存し、鏡の稍北方のほぼ同一水平面上に於いて、箱の隅金具

図38 ● 新山古墳
古墳の西側から。前面には、もと丘陵が存在した。

のあるを知れり。……以上は遺物中今其の存在の位置の記憶にある主なるものなるが、なほ石製鏃は鏡の附近にありしが如し。其の他の遺物に至りては、崩壊せる石材や、更にその栗石層を採掘中、時々発見せるものなるを以て一々の位置明ならず。ただ大なる管玉の一は上述箱形石造物の側石の上端、栗石と接する部分にありしこと特に注意を惹き、今にこれを記憶せり」と記されている。竪穴式石室内に箱形の石棺があるのか、もうひとつはっきりしないし、副葬品の配列についてもよくわからない。

副葬品　明治一八年（一八八五）の乱掘によって、後方部頂上の竪穴式石室から勾玉、管玉、車輪石、鍬形石などの石造品類とともに金銅製帯金具や三角縁神獣鏡、直弧文鏡《ちょっこもんきょう》など三四面の鏡が出土し、現在宮内庁によって所蔵されている。

新山古墳から取り出された副葬品（図39・40）は、発見の届書やその後に作成された複数の目録のすべてでその数が異なる。また、現存の宮内庁保管の数がはっきり示されていないことなどから、本来の副葬品の全容は判明しないが、およその数を記しておく。

銅　鏡　三四　勾　玉　一二七　管　玉　二〇　鍬形石　一　石　釧　一
車輪石　一＋（破片二）
石製鏃　一　石製刀子柄　一　石製斧　一　石形石製品　一
帯金具　一式　杏形石製品　二　軸形石製品　二＋（破七）

出土遺物のなかで、もっとも特色があるのは、帯金具《おびかなぐ》が一式存在していることである。これは従来から言われているように、西晋《せいしん》のものと見られる。これまで西晋のものとして唯一の明

帯金具

石製鏃

台座形石製品

小鉄剣

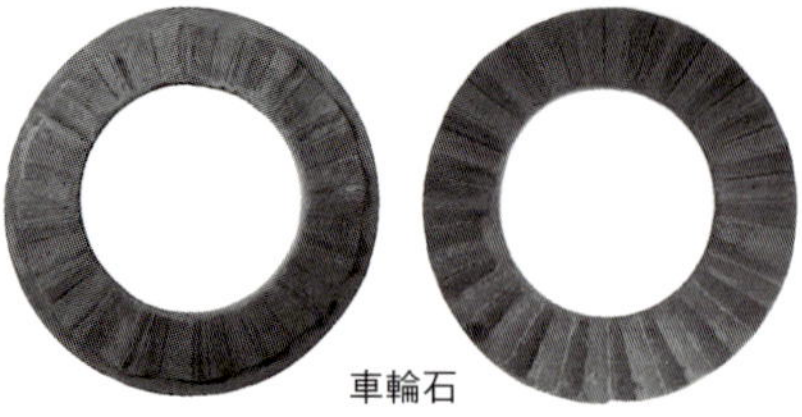

車輪石

図 39 ● 新山古墳出土遺物

直弧文鏡（径 28 cm）

変形方格規矩四神鏡
（径 24.3 cm）

内行花文鏡（径 17 cm）

画文帯縁環状乳四神四獣鏡
（径 13.2 cm）

鼉龍鏡（径 27.2 cm）

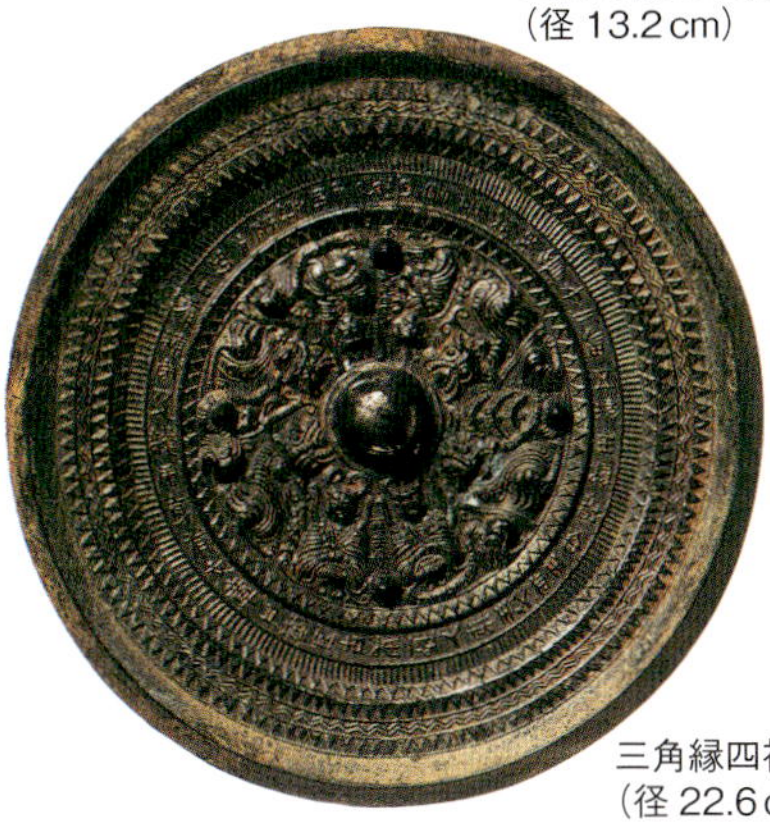

三角縁四神四獣鏡
（径 22.6 cm）

三角縁二神二獣鏡
（径 22.4 cm）

図 40 ● **新山古墳出土鏡の一部**

らかな例とされていたが、兵庫県の行者塚《ぎょうじゃづか》古墳で新たに見つかった。しかし、行者塚の帯金具は一式揃っておらず、さらに一個は部品さえ外れている。行者塚古墳の年代が五世紀中葉であり、輸入されてずいぶんたってから墓の中に持ち込まれたことがうかがえる。また、新山古墳のものよりはやや新しいような印象を受ける。西晋の年代が二六五〜三一六年であるので、輸入されて間もないころに墓に投入されたとみても、新山古墳の年代は早くても四世紀中半〜末である。古墳の年代決定に際して重要な副葬品とされている。

新山古墳周辺の調査　新山古墳周辺の開発を契機として発掘調査が一九八〇・八一年になされ、後方部北側で円筒棺七基と土壙墓一基、焼土遺構一、小土坑二、東西溝一の遺構が検出された。

新山古墳の西側に小さい谷間をはさんで、北に長くのびる小尾根があり、この尾根上でも多

図 41 ● 新山古墳西側面の調査
上：西側面の調査風景、中：布留式土器の出土、下：埴輪棺。

くの埋葬施設を検出した。埋葬施設は全部で六カ所あり、第一主体は粘土槨で、内から銅片一点と鉄鏃一点が出土した。第二主体は墓壙内木棺墓。棺上から土師器の破片と須恵器の坩《かん》が一点出土した。第三主体は円筒棺。あとはすべて埴輪棺である。

新山古墳の西側面でも、埴輪棺二基が発掘されている。これには布留式土器がともなうものがあり、年代を決める手がかりとなる（図41）。

南端の前期古墳

丘陵の南端に近い広陵町附近はかなり多くの前期後半の中、小規模の古墳が知られている。

土山古墳　馬見丘陵の南端の西側の尾根先端部に築造された古墳で全長六五メートル、後円部径三五メートル、前方部幅は一九メートルで、後円部頂と前方部頂では約二メートルの比高差があり、前方部は平らであるから確実に前期古墳と思われる。後円部の一部が削られているが、そのほかは比較的良好に残っている。その立地から見て丘陵南部にある前期古墳として重要であろう。

モエサシ三号墳　新山古墳の西側に三基の古墳が集まっているところがある。巣山古墳群の中のモエサシ支群とも言うべきもので、一号墳は径三五メートル、二号墳は径一五メートルの円墳で、三号墳が全長約八○

図42 ● **モエサシ3号墳**
現在は公園の一部に取り込まれている。

メートルの前方後円墳で後円部は径四〇メートル、同高五・五メートル、前方部幅二五メートル、前方部が低く長いのは典型的な前期古墳である。墳丘の一部に円筒埴輪列が数本分露出している。埋葬施設は粘土槨の可能性がある。前期後半の古墳であろう。

エガミ田一〜六号墳　モエサシの三基の古墳が存在するさらに西側に、数基の古墳が存在する。そのうちのエガミ田三号墳は、かつて前方後方墳とされたことがある。しかしこれは円墳二基とみられる。二十数メートルの円墳と一〇メートル程度の円墳であろう。一号墳とされたものは径二〇メートル、二号墳は一五メートルの円墳である。そのほかに古墳状の高まりがあり、小規模な古墳が集中している。時期ははっきりしないが、表面に土師器が散布しているものがある。

別所石塚古墳　古墳は丘陵の先端部に営まれており、本来南東に前方部を向けた前方後円墳であった。前方部はかなり削平され、遺存している後円部についても、後世の土取りによる変形が著しい。地形測量図から復元すると、おそらく墳長九〇〜一〇〇メートル程度のかなり大きな前方後円墳であったと推定される。また後円部の高さは現在約八メートルを測ることができる。墳丘には埴輪が立てられ、また葺石も施されていたらしい。埋葬施設は、後円部のほぼ中央に、主軸を墳丘のそれと一致させた長さ五・五メートル、幅三メートルの土壙があり、その内側にバラスを用いた排水施設をつくり、その中に粘土槨が営まれていたらしいが、ほとんど盗掘されていた。乱掘坑内から若干の鉄刀片と鉄斧が出土している。

城山第一号墳　この古墳は、一九六九年に墳丘測量が実施され、墳丘長約四二メートルの帆立貝式前方後円墳であることが確認されたものである。墳丘は、丘陵の北端部を整形し、西北方に張り出し部をもつ平坦面（下段）を形成し、その上に円形平面の墳丘（上段）を築いている。

本墳が盗掘を受けているという連絡があり、盗掘坑内の清掃と記録をとり、埋め戻し作業がおこなわれた。掘り上げられている土のなかから硬玉製管玉が一個確認された。埋葬施設に用いられたと思われる朱や粘土の断片が少量、攪乱土に混じって出土した。原位置を保っていない碧玉製管玉一個も検出された。

城山第二号墳　墳丘の規模は東西径約一九メートル、南北径約二一メートル、現在高四・五メートルで、墳頂部は盗掘などにより原形が損なわれている。段築は認められないが、周濠については墳丘の北側の部分で墳丘麓に幅二・五〜三メートルの浅い溝が検出されている。

墳丘のほぼ中央部で、主軸を南北におく粘土槨が検出されている（図43）。この粘土槨は、両長辺に段をもつ長さ約六メートル、幅約二・七メートルの土壙の底部を、棺を納める部分だけさらに掘り

図 43 ● 城山第 2 号墳の粘土槨
下方右側に珍しい札甲がある。

くぼめて、その底に粘土を敷き、赤色顔料を塗抹した棺を納置後、さらに上部を粘土で被覆したものである。

棺は割竹形木棺と考えられ、長さ約四・六メートル、幅は北端部で約〇・六五メートル、南端部で約〇・六メートルである。棺の南端から南南西方向に向かってのびる排水溝が検出されている。長さ約七メートル、幅約四五センチ、墓壙に接する部分での深さ約一メートルで、底部に角礫やバラスが詰めてあった。

棺の両側の被覆粘土の下から遺物が検出された。西側では、北よりの部分に札甲《さねよろい》と、その東に接して鉄斧及び鑿あるいは鉇《やりがんな》と思われる工具、中央部には刃先を南に向けた鉄剣、短剣、鉄刀、さらにそれらの上に短剣が認められた。また棺の東側では北よりの部分に筒形銅器、鉄槍、南よりの部分にも鉄槍があった。北端の筒形銅器は、南端の槍先と一対になるものらしく、その間に柄の痕跡と思われる帯状の朱の痕跡が認められた。槍先から石突《いしづき》までは約三・四メートルである。札甲は、この時期のものとしては、ほとんど例をみない。

後期の帆立貝式古墳・於古墳

於古墳《うえの》（図44）は馬見丘陵の南端、広陵町大塚に所在する。一九六六年、盗掘の後始末と宅地化に対処するため発掘した。

当初、測量結果から径一九メートル、同高一・七五メートルの円墳と考えられていた。しかし後に全長三七メートル、後円部径三〇メートル、高さ三・七五メートル、前方部幅一四メートル、同高三・七メートルの前方部の短い帆立貝式古墳と訂正された。

中央棺（第一主体）　中央棺は墓壙の中央に木棺を据えたもので、箱形の組合式木棺と判明した。棺の南北二・七五メートル、南端幅六六センチ、北端幅五七センチである。

中央棺には二体以上の遺骸が埋葬されていた。体は頭部を南西隅に置くもので棺の南端から二〇センチの地点に腐蝕した頭骸骨片と、赤色顔料の痕跡がみられ、鉄鏃が西向に置かれ、その北側には歯牙が一〇片あまり散らばっていた。赤色顔料と歯牙の間には金環が一個みられた。棺の西側には大刀と鹿角装柄の刀子三口があった。大刀と刀子の周辺にかけては背骨や大腿骨の痕跡が棺の西半分で認められ、北端に歯牙が一括して存在した。

棺の東側には環頭大刀《かんとうのたち》が、棺側と大刀の間には棺金具が出土した。玉類は大刀と環頭大刀の間に幅三〇センチ、長さ六〇センチにわたって散らばっており琥珀《こはく》製棗玉四個、水晶製平玉《ひらだま》二個、土《ど》玉《だま》九個の計一五個からなっていた。

南枕中央の人骨の下肢骨の痕跡は棺の西寄りで、金環の出土地点から計測して一六〇センチの位置にあった。このように、南側には歯牙などから、二体が埋葬されていることが確認された。

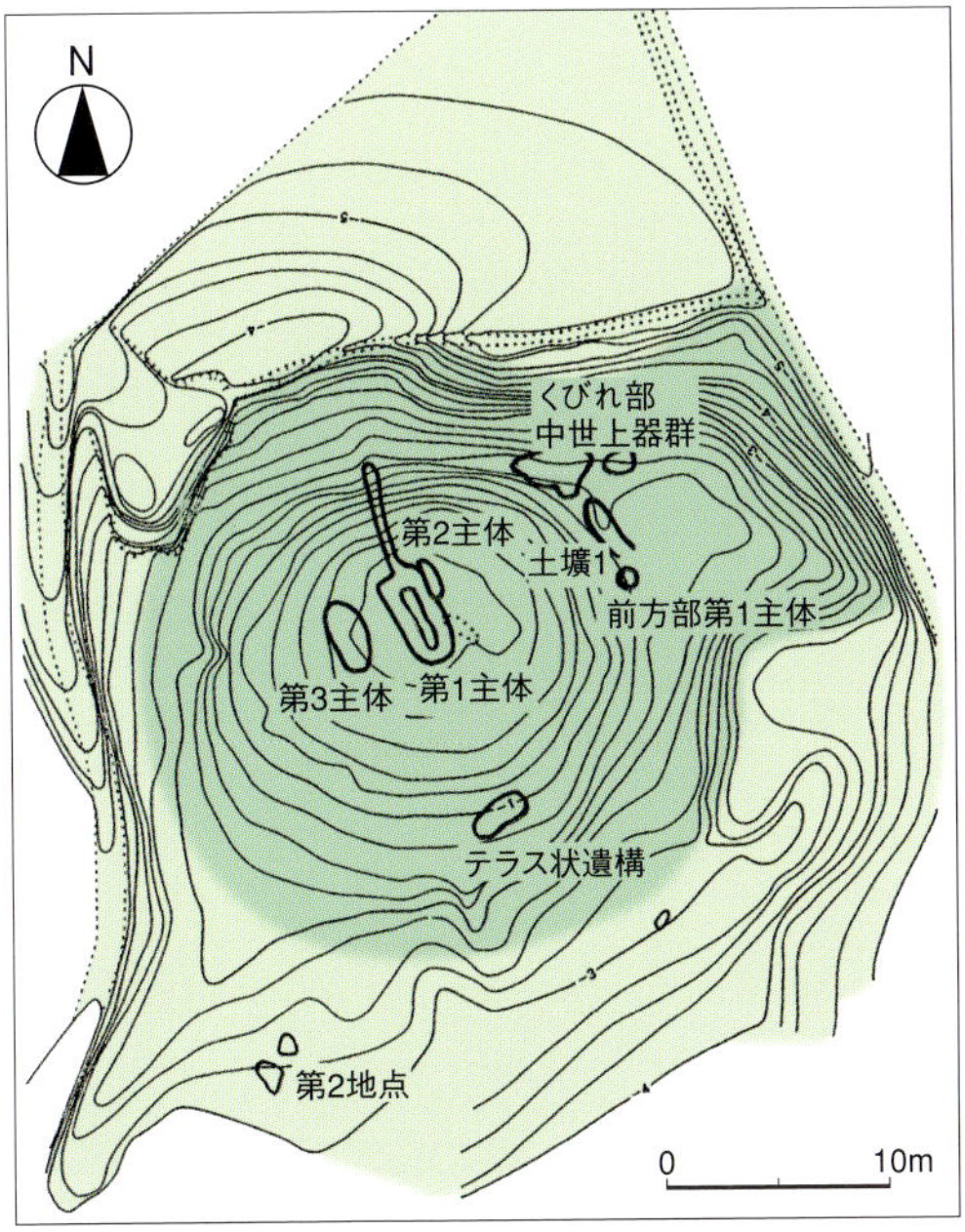

図 44 ● 於古墳
前方部第 1 主体は須恵器の甕棺である。

北枕の人物は棺の北端に赤色顔料と歯牙が径一五センチの範囲にかたまってみられ、下肢骨の一部とみられるものが環頭大刀の鋒の近くで確認できた。この人物の持ち物は棺の西側に大刀が一振置かれ、この大刀の柄の近くに平根式《ひらねしき》鉄鏃が鋒を北にして置かれていた。

棺外では、北側に破損された器台破片と琥珀製棗玉一個、水晶製平玉一個、土玉六個の計八個があった。さらに集水口より北一メートルの排水溝を覆った粘土土中に先の器台破片と琥珀製棗玉二個、水晶製切子玉一個、水晶製平玉一個、土玉二個の計六個があった。西側墓壙外に金銅装鋲留金具《びょうどめかなぐ》が出土した。

東棺（第二主体）　東棺は中央棺の東六〇センチの地点に平行して置かれていた。厚さ四センチの粘土床があり、その粘土床は南北現存長一・五メートル、幅六〇センチの規模で、木棺を安置するための棺台施設と判断された。

墳丘の中心部から東九メートルの地点で甕棺を検出した。表土下四五センチ、その掘方は径〇・七三メートルの不整円形であった。口は一辺二〇センチの方形の板石で覆われ、そのすき間を二個の須恵器壺の破片が覆っていた（前方部第一主体）。

この二つの埋葬施設は調査後、再調査することになり、墳頂下に第一主体に平行する土壙の存在が判明した。これを後円部第三主体と名付けた。第三主体は南北長三・〇七メートル、東西幅一・五八メートルで、土壙内に二五センチを最大限に、拳大の凝灰岩片が混存していた。凝灰岩の加工面から組合式石棺ではないかと思われる。土壙内から須恵器長頸壺《ちょうけいつぼ》、高杯《たかつき》、坩が出土した。

築山古墳群

丘陵の南端で丘陵が一度とぎれ、再び細長くつづく丘陵に築かれた古墳群である。古墳群が築かれた後にも小規模な古墳が築かれているので、その分離は難しいが、築山古墳、コンピラ山古墳、狐井塚古墳、かん山古墳、茶臼山古墳等で構成されている（図45）。馬見古墳群の大きな一群である。

築山古墳　馬見丘陵の最南端に位置する大型前方後円墳である。丘陵の延びる方向に対して直角に営まれている。南への傾斜変更線上にあるため、東南から南にかけて築堤をおこない、水濠としている。墳丘全長二〇九メートル、前方部幅一〇三メートル、後円部径一一九メートルの三段築成である。かつては武烈天皇陵にも治定されていたこともあるが、現在は宮内庁によって、「磐園《いわぞの》陵墓参考地」として特定の被葬者名はつけられていないが、宮内庁の管理下に

図45 ● **築山古墳群**
南上空から見た古墳群。

ある古墳となっている。

南側の周濠外縁に沿って幅一五メートル程度の帯状の堤が見られる。また前方部の南東から南にかけて水田の畦や溜池に二重濠の痕跡ではないかと思われる地形が見られる。陪塚と見られる二基の大円墳はこの地形の外側にある。最近の宮内庁による発掘で、埴輪や葺石の存在が確認されている。

コンピラ山古墳 現在、住宅地のなかにあるため、墳丘の裾部が大きくえぐられていたり、民家が墳丘を削って建っていたりする（図46）。従来の報告では直径五五メートルの円墳で、すぐ西に存在する築山古墳の陪塚であるとされていた。近年破壊されるおそれがあるということから、範囲確認調査がなされた。その結果、周濠が二カ所で確認され、それをもとにすれば墳丘の規模は、径九五メートルとなり、奈良県下最大の円墳となる。墳丘の高さは一二・七メートルである。

墳丘の斜面と墳頂に円筒埴輪列がわずかに残っていた。墳頂の埴輪列は約一七メートルの円形にめぐり、うち二本の埴輪の中からミニチュア土器が出土した。また墳頂部から盾・家の形象埴輪片が、墳丘の斜面には蓋《きぬがさ》形埴輪片が出土した。これらの埴輪からみれば、古墳の築造は五世紀前半と思われる。

図46 ● コンピラ山古墳
墳丘裾は大きく削られている。

狐井塚古墳　築山古墳の南に平行する形で築造されている前方後円墳である。狐井陵墓参考地として宮内庁の管理下におかれている。全長七五メートル、後円部の高さ六メートル、周囲は溜池や水田で濠の痕跡が残っていたが、近年その一部が埋め立てられた。大和高田市池田の春日神社所在の長持形石棺をこの古墳のものではないかとする考えもある。周辺には陪塚に治定されている円墳が二基ある。

かん山古墳　築山古墳の後円部の北側の児童公園の中に一基の大型の円墳がある。径四〇メートルほど、高さ六メートルで埴輪がめぐらされている。帆立貝式古墳の可能性がある。大和高田市教育委員会で墳頂部の発掘がなされ、土壙内に粘土槨があることがわかり木棺の一部が残っていることもわかったが、ほとんど盗掘されているようである。

茶臼山古墳　築山古墳の陪塚の一つで、築山古墳の周堤帯に接して存在する。付近は畑や住宅になっているが、周囲に幅六メートルほどの濠を巡らした二段築成の円墳である。葺石や埴輪が見られる。コロコロ山古墳ともいわれている。

インキ山古墳　築山古墳の西北三〇〇メートルのところにある（図3参照）。全長五〇メートルほどの前方後円墳。後円部径は二五メートル、前方部は一〇メートルほどで、現状での墳丘はかなり傷んでいて墳形は明瞭でない。

後円部南東裾で円筒埴輪棺が見つかっている。くびれ部辺りから須恵器杯が見つかり、これをもとに六世紀中ごろの築造とされているが、この須恵器杯は後世のもので古墳は五世紀代のものと思われる。

5　丘陵のさまざまな後期古墳

丘陵の尾根上には小規模古墳がかなり点在している。それらの大半は中期末～後期の時期のものである。内部の構造についても横穴式石室、小竪穴式石室・組合式石棺直葬、木棺直葬と変化に富んでいる。

点在する小規模古墳

鴨山《かもやま》古墳　この地域では珍しい板石の箱式石棺の古墳である。

昭和三年（一九二八）春、墳丘が崩れて石棺の一部が露出したので、史跡調査会によって翌年調査された。墳丘等は、はっきりしないが、内部構造は緑泥片岩の板石を組み合わせた石棺である。石棺は四枚の緑泥片岩を箱形に組み合わせ、さらに板石を底に入れ、蓋をしている。特に底石は上げ底式であることが注意される。厚さ五～九センチの石材を用い、内側部分の長さは約二メートル、幅は七八～八五センチ。

成人男性三体、女性二体、小児二体、計七体が合葬されていたと推定されている。人骨歯牙、銀環大小各二個、小玉棗玉、銀製空玉《うつろだま》、刀残欠、金および銀製刀装具残欠、金銅製品残欠、刀子、鉄製品残欠、須恵器、布片および漆片などがあった。

高塚《たかつか》古墳　丘陵中央部やや北よりの尾根稜線の頂上部に築造された円墳と推定できる古墳である。開墾で、組合式家形石棺が発見され、それとともに直刀断片、馬具類、玻璃《はり》小玉、須恵器などが発掘された。石棺はほぼ東西に置かれ、外側面は粘土で固められていた。石棺は縄掛《なわかけ》突起《とっき》のついた組合式家形石棺である。石棺の北側に沿って須恵器の高杯が東西に四個ずつ二列と、その中間に三個の計一一個が出土し、さらに東側においても棺の身に接して須恵器の台付の坩と提瓶《さげべ》が出土している。この東側で土師器の高杯が出土している。

棺内には玻璃玉三、小玉一の出土があった。そのほかには馬具（鏡板《かがみいた》・釘・鉸具《かこ》・雲珠《うず》・辻《つじ》金具《かなぐ》などの鉄地金銅製の部品）が出土している。

長谷山《はせやま》古墳　丘陵の南端部に近い尾根上にある。円墳と考えられるが、方墳の可能性もある。東西に主軸をもつ割竹形木棺を直葬した土壙が、南北に二つ検出された。

土壙内に、遺存する棺の痕跡から長さ二・九メートル以上、東端幅〇・七メートル、西端幅〇・四五メートルの割竹形木棺を納めたものと推定される。木棺には朱が使用されており、遺存状態の良い棺床の中央部に多くみられた。棺中央よりやや東によった北側に、鉄剣と鉇が並べられていた。管玉二個は棺のほぼ中央部から出土した。

南土壙は棺の長さは二・三メートル以上、遺存する棺床部の東端幅〇・五メートル、西端幅〇・四メートルである。この木棺にも朱が使用されていた。木棺は割竹形のものと想定される。珠文鏡《しゅもんきょう》一と管玉二があるが、鏡は棺内中央部で、管玉は棺中央よりやや西側から出土した。

御坊山《ごぼうやま》第一・二号墳　一号墳は、墳頂部で凝灰岩製組合式石棺の棺材が散乱していたが、調査の結果三基以上の組合式石棺を直葬した古墳であることがわかった。

墳丘西北部の尾根に直交する位置にも木棺を直葬した施設一を検出した。木棺の痕跡は長さ一・四五メートル、幅は東端部で四五センチ、西端部で三五センチで組合式のものである可能性が強い。遺物は須恵器台付長頸壺、高杯があった。棺内中央部で耳環二個が並んで出土した。また棺の西端近くでも二個の耳環が出土した。

一号墳の南に位置する二号墳は円墳とすれば、径一五メートル程度の規模をもつものであったと思われる。埋葬施設は、凝灰岩の組合式石棺であるが、後世の乱掘のため底石一枚が原位置を保っていたにすぎない。

勘平山《かんぺいやま》第一・二号墳　一号墳は丘陵の頂上部を利用して営まれた古墳で、現状は東西径約一五メートル、南北径約一三メートル、高さ二・五メートルの円墳状を呈している。墳頂の東よりで、木棺直葬の一部を確認し、そのなかに鉄剣があった。墳丘のほぼ中央部でも、表土直下に一部赤色顔料の浸透が認められ、ここで刀子が出土しており、埋葬施設と考えられる。墳頂部の乱掘坑内から鉄刀片、鉄鏃片、須恵器杯蓋片などが出土している。

一号墳の北にある二号墳は南北径約一五メートル、東西径約一三メートル、高さ約二メートルの円墳で、墳丘の中央部で木棺直葬の土壙を、墳丘の西南斜面で同じく小型の木棺直葬の土壙を検出した。棺側に並べたと思われる石列が存在し、その間隔から幅七〇センチ程度の棺が納められていたらしい。遺物はまったく認められなかった。

大垣内《おおがいと》古墳　墳丘はすでに失われていたため、その規模、形態はわからない。右片袖の横穴式石室が埋葬施設で、玄室内側壁と最下段の石材四個と羨道《せんどう》の基底部の石材一個が遺存していたのみである。玄室奥部に凝灰岩製組合式石棺の底石の一部が、二棺分と、側板が一個遺存していた。西側の底石は側壁とほとんど接して置かれているが、原位置を保っており、東側の底板とともに合葬されていた可能性が強い。

出土遺物には鍔《つば》・釘・轡《くつわ》・兵庫鎖《ひょうごぐさり》のほか、須恵器には脚付長頸壺、高脚無蓋高杯、甕、小形甕などがある。

古屋敷古墳《ふるやしき》　築山古墳の北側にあった古墳で、墳丘は畑地の開墾や住宅造成のために掘削され、墳形、墳丘の規模については明らかでないが、およそ一八メートル前後の円墳と思われる。横穴式石室一、木棺直葬墓二、合計三基の埋葬施設を検出した。

《埋葬施設一》ほぼ西に開口する横穴式石室である。墓壙内の盛土中からは、須恵器杯蓋と須恵器高杯とが出土した。

《埋葬施設二》埋葬施設一の主軸から北へ二・七メートルの位置に設けられた木棺直葬墓である。木棺の規模は東端部での幅七〇センチ、中央部幅五〇センチ、西端部幅四〇センチで、長さ二六〇センチ、高さは三五センチである。

棺内から鉄刀と鉄鏃が出土し、棺外からは鉸具、鐙《あぶみ》が出土した。須恵器は広口壺、杯蓋、高杯、小型壺形土器などがある。

《埋葬施設三》木棺直葬墓で、木棺の形態は棺の輪郭、断面形などから組合式箱形木棺と考えられる。棺内東半部からは鉄鏃・刀子・鑿、墓壙内からは、須恵器杯身の破片と杯蓋の破片が見つかっている。

小さな群集墳

馬見丘陵には大型の群集墳はないが、数基程度の群はかなり知られている。横穴式石室を埋葬施設とするものと、木棺や小石室・石棺を直葬するものがある。

領家古墳群《りょうけ》　大和高田市領家集落のある北側の丘陵上に二基の古墳が点在している。頂上部の一基は東西二四メートル、南北二〇・五メートルの長方形で高さ二・五メートルの規模をもつ。二号墳は径九・五メートル、高さ一・五メートル、東側の一部が削平されている。北端の一基はかつて鶏頭埴輪が出土した地点であるが、土砂採集により古墳の正確な位置は明らかでない。

安《あ》部《べ》山《やま》古墳群　丘陵の南部、通称安部山とよばれる部分に点在していた古墳群

5号墳南棺。右：棺蓋上石、左：蓋を開けたところ。

4号墳出土環頭

4号墳組合式石棺

図47 ● 安部山古墳群

で七基あり、いずれも小形の円墳である。一・二号墳は木棺直葬墓、三号墳は小竪穴式石棺、四号墳は巨大な土壙の内に組合式石棺を入れたものであった（図47下）。五号墳は組合式石棺などが埋葬施設であった（図47上）。いずれも六世紀代の古墳である。

北今市古墳群　西丘陵の南西にある低い丘陵上に三基の古墳があり、道路建設で発掘された。

一号墳は直径二〇メートルの円墳で横穴式石室内に凝灰岩組合式家形石棺が二棺あった（図48左）。玉類や金銅単鳳環頭、馬具などがあった。二号墳は一辺、一五メートルの方墳で、組合式家形石棺二棺を直葬していた。南棺は未盗掘で熟年男性と幼児の二体分の人骨があった（図48右）。鉄刀一と滑石小玉があった。

三号墳は、円墳で小型の横穴式石室であった。

松里園古墳群　松里園古墳群は、北流して大和川に合流する葛下川《かつげ》の右岸の丘陵上にある。馬見丘陵の西南端にあたり、四基からなる。一号墳は組合式家形石棺で、金環や須恵器類の遺物が出土している。二号墳は径約一八メートルの円形で、組合式石棺の

１号墳の横穴式石室

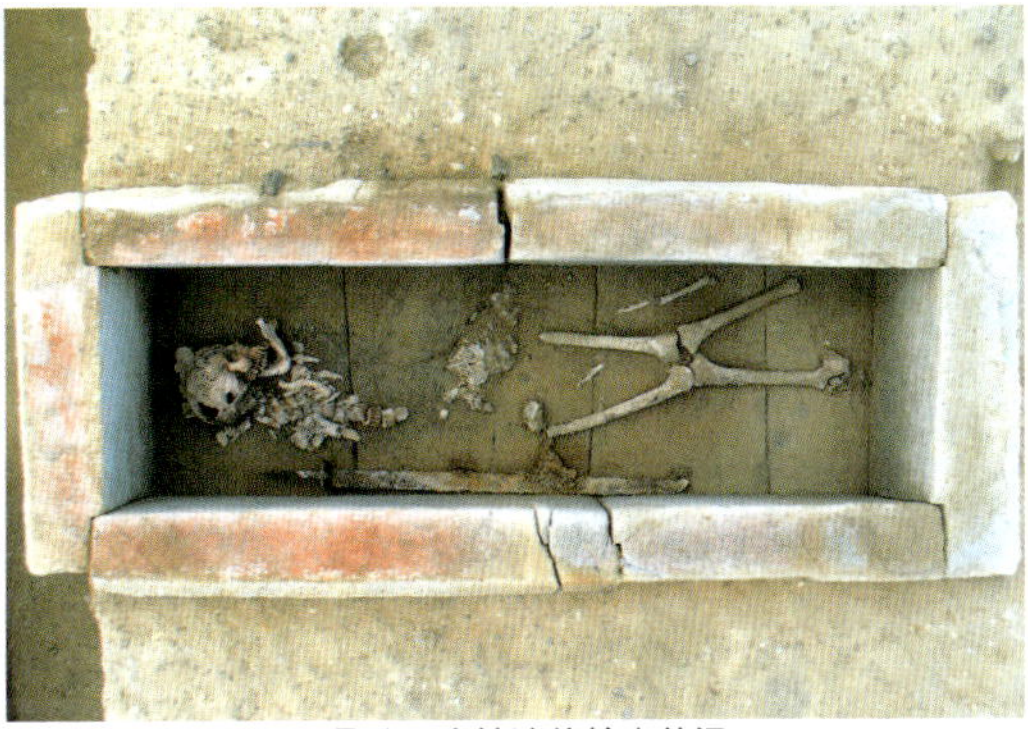

２号墳の南棺遺体検出状況

図48 ● 北今市古墳群

底石と考えられるものがある。遺物は須恵器・埴輪片のみである。三・四号墳はいずれも小規模な円墳である。

大谷今池《おおたにいまいけ》古墳群　ここには四基の古墳が確認されたが、二号墳のみ内容がわかっている。

大谷今池二号墳（図49）は、丘陵の斜面地に築かれた推定直径二四メートルの円墳である。西側には幅約一〇メートル、深さ約二・五メートルの濠をめぐらせる。墳高は西裾からは約二メートル、東裾からは四メートルを越える。

濠から古墳時代中期の円筒埴輪や家形、蓋形などの形象埴輪が出土している。東側からすべり落ちた状況で出土しており、二号墳にともなうものでなく、破壊された一号墳の埴輪が崩落したものである。墳丘上平坦面で木棺直葬の主体部を二基検出した。

《一号主体部》掘方の大きさが長さ四・二メートル、幅二・四メートルある。木棺の大きさは、中央部が徹底的な盗掘を受けているため明らかでない。南半では棺底に三石と一石の抜き取り穴を検出しており、木棺の底部に配石していたらしい。北端の配石には一部に赤色顔料の遺存が認められ、その北側中央部分は攪乱されていたが、頭蓋骨の破片と金銅製冠の残欠が出土している。頭蓋骨には緑青《ろくしょう》が染みついており、金銅製冠は着装状態で副葬されていたらしい。北

図49 ● 大谷今池2号墳
棺の内部に副葬品が見える。

端配石の北側からは胡籙《ころく》金具の断片が出土した。

《二号主体部》一号主体部の西に並列しており、木棺の大きさは長さ二・九メートル、幅一メートル、掘方は長さ三・九メートル、幅二・四メートル。棺底には棺幅を越える横木痕跡を三本検出した。

南小口には須恵器の提瓶、高杯などと土師器の杯があった。土師器杯内面には風化した貝殻の小片がともなっていた。

北小口には轡、鑿、刀子、鏃などがある。鉄鏃には茎《なかご》を折り曲げたものがある。中央部からは三体の被葬者が確認でき、西側に捩環頭大刀《ねじりかんとうたち》と鉄鏃、弓飾りなどが出土した。

三体の被葬者の根拠は三カ所に赤色顔料の分布が認められ、それぞれの赤色顔料の範囲に歯と装身具がともない、東側と中央の赤色顔料の広がる中間より左上腕骨が出土したことにある。

装身具は東被葬者が土玉、中央被葬者が金銅製空玉、西被葬者がガラス玉である。西側被葬者の東部には伏せた土師器杯が二点あり、転用枕として利用されたらしい。その位置からすると、明らかに小児である。東被葬者と中央被葬者の上半身相当部分には炭化物が薄く広がっており、棺内の一部は焼かれた可能性がある。六世紀後半の築造と思われる。

池田古墳群　馬見丘陵の南端から平坦地に至る部分の水田のなかで上面が削平された埋没古墳が一〇基ほど見つかった（図50）。この中には全長五〇メートルほどの前方後円墳もあり、いずれも周濠のみが残っているだけで上面はすべて削平されている。

状況から見て、さらに多くの古墳があると思われる。各古墳の周濠内には円筒・朝顔・

蓋《きぬがさ》・盾・人物・鶏・馬の埴輪（図51）および須恵器が出土している。さらに笠形木製品などもある。五世紀から六世紀にかけてのものである。領家山で一九五五年に出土した鶏形埴輪もこの古墳群の一部とみられる。

岡崎山古墳群　池田古墳群のさらに南に小さな低い独立丘陵があり、ここに前方後円墳一基、

図50 ● 池田古墳群5次調査区全景
すべての古墳が現水田下にわずかに残っていた。

図51 ● 池田古墳群9号墳出土埴輪
非常に珍しいみずらをはっきりと表現した人物埴輪。

円墳三基があり岡崎山古墳群と呼ばれている。かつてはさらに多くの古墳があったという。専立寺の家形石棺もこの付近から掘り出されたという。蓋石は長さ一五五センチ、幅一一五センチの板石の側面に左右各二個の方形の縄掛突起が付けられている。内側はカマボコ形に彫りくぼめている。棺身は現存長一二五センチ、幅一〇六センチで、内部は二〇センチの縁を有し、深さ三〇センチの「凹型」に彫りくぼめている。刳抜式石棺《くりぬきしきせっかん》の中で縄掛突起のあるものとしては最末期の形式に該当する。

一号墳は全長四〇メートル、後円部径二二メートル、墳丘はかなり傷んでいる。五世紀後半から末期ごろのものと思われる。

丘陵中央の巨大横穴式石室・牧野古墳

馬見丘陵中央部の丘陵の尾根端を利用して築かれた、いわゆる山寄せの円墳である（図52）。直径約六〇メートル、しかし後背部の切り通しでみれば四八メートル、高さ約一二メートルの三段築成である。墳丘には埴輪があったが現位置を保つものはなかった。

石室（図53）は二段目に底を置く巨大な横穴式石室である。

図 52 ● 牧野古墳
1970 年ころの牧野古墳。現在、周辺は住宅地となっている。

両袖式で、全長一七・一メートル、奥壁幅三・三メートル、玄門幅三・二メートル、左袖長〇・七メートル、右袖長〇・七四メートル、玄室長左側壁で六・七三メートル、右側壁六・七メートル、羨道は玄門《げんもん》前で幅一・八メートル、羨門《せんもん》で一・七七メートル、長さは左側壁で一〇・二四メートル、右側壁で一〇・七メートル、石室壁面の石と石の間に粘土が詰めてあった。古くに盗掘にあっていたため、内部は撹乱していた。

石棺は二棺ある。一棺は奥壁側に石室の主軸に直交して置かれた刳抜式家形石棺であり、その前面に主軸上に長辺を置いた組合式家形石棺があったが、火山灰の砂に戻っていた。

図 53 ● 牧野古墳の石室
調査終了後、石棺の蓋をもとの位置に置いた。

馬具の杏葉

羨道部の須恵器群

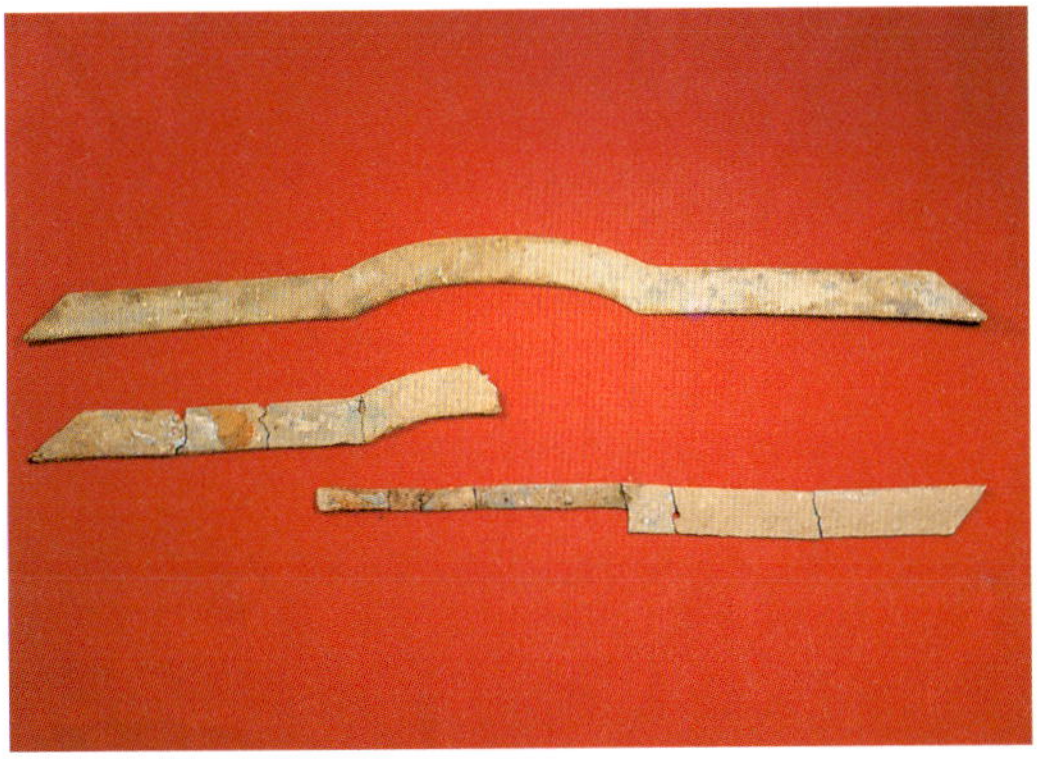
障泥の縁金具

粟玉

須恵器

図 54 ● 牧野古墳出土遺物

盗掘により棺内の遺物はまったく無かったが、石室内にはかなりの遺物が残されていた。玄室奥で石棺との間に鉄鏃や馬具類、桃核、玄室右側壁と組合式石棺の間に多数の鉄鏃があり、四組の靫の存在が想定された。玄門から玄室に入る部分で大量の朱と約二万個におよぶガラス粟玉《あわだま》と金環、折れ曲がった鉄刀などがあった（図54）。おそらく組合式家形石棺内のものがかき出されたものとみられた。羨道部では大量の須恵器が原位置のまま検出されて、石室の前庭部には埴輪や須恵器があり、またここに土師器の甕棺もあった。

牧野古墳は県下でも第三位級の大型横穴式石室で内部に多数の副葬品を有している古墳であり、後期古墳から終末期古墳へ位置づけられるもので、きわめて重要な資料である。

石ヶ谷古墳　牧野古墳の南東の丘陵の南斜面に石ヶ谷古墳がある。墳丘は東西一八メートル、南北約一三メートルの方墳であった。

埋葬施設は、南に開口する横穴式石室である（図55）。すでに石室の天井部および壁面の上部を失っており、石室の基底部が遺存していたにすぎない。右側に袖部をもつ片袖式のもので、玄室の長さ二・七メートル、幅一・四メートル、羨道は現存長約二メートル、幅一・〇五メー

図55 ● 石ヶ谷古墳石室
丘陵中心部には珍しい横穴式石室。

トルの規模をもっている。壁面の石組みは玄室部で三〜四段、他は基底の一〜二段が残る。

遺物は須恵器の台付長頸壺二、高杯一、杯身二、土師器の椀一、約四〇本分の釘および鉄鏃が検出された。六世紀末の築造であろう。

さまざまな古墳が存在する黒石古墳群

馬見丘陵の南端に近い近鉄築山駅の北側には小規模な古墳が多数存在していたが、周辺の宅地開発で住宅地となり、そのほとんどが消滅してしまった。しかし、時折々に調査がなされてきたが、調査機関が異なるなどの理由から古墳名に混乱がある。ほとんどが、小規模な円墳であるが、なかには前方後円墳もあり、前期古墳もまじっている。特に黒石一〇号墳は弥生時代にさかのぼる可能性がある。

黒石山古墳　円墳と考えられるもので封土の大部分が削られていた。

石室は、長さ二・〇一メートル、幅五四センチ、深さ四五センチの小型の竪穴式石室であり、石室内には木棺の鉄釘が数本検出されている。

遺物は須恵器台付長頸壺・高杯・蓋付杯や硬玉製管玉一個、玻璃製小玉（若干）、鉄刀子（若干）があった。熟年男性一体、壮年女性一体、若年一体の三体が合葬されていた。

黒石東二号墳　黒石東二号墳は、一九七四年に道路工事中に発見された。

調査で検出した各部は前方後円墳の後円部からくびれ部、造り出し、前方部である。くびれ部に家形埴輪があった。周濠は地山を掘り込んで造られており、周濠幅は後円部で約二メートル、くびれ部で約一・二〜一・五メートル、前方部で約二メートルである。

遺物は五世紀末〜六世紀代の須恵器が主体で、ほかに円筒埴輪片と家形埴輪がある。

黒石東三号墳 墳丘は短径約一〇メートル、長径は現状で約九メートル遺存しているが、弧状を呈する堀割から径一七メートルほどに復元される円墳である。

墳丘内から三基の埋葬施設を検出した。第一主体の竪穴式小石室で、石室内部には木棺の安定のためか、赤色顔料が付着した板石が置かれていた。

第二主体は、木棺直葬で、箱形木棺のようである。

第三主体も木棺直葬で、箱形木棺を置いていた。副葬品は須恵器杯蓋と鹿角装刀子がある。

黒石五号墳 前方後方墳であったが、一九七八年に消失した。復元全長約五〇メートル、後方部幅二九メートル、同高五メートル。

墳丘中央に主軸に平行して粘土槨があった。盗掘坑内より水銀朱と鉄刀、鉄鏃片が採集された。

宮内庁書陵部には広瀬郡大塚村黒石出土として勾玉二、管玉一九、弭《ゆはず》一、銅鏃三〇、銅鏡三の遺物が収蔵されている。黒石五号墳からの出土と思われる。鏡は舶載鏡と思われる神人龍虎画像鏡と新しい仿製の五獣鏡がある。銅鏃も二種類あって若干時期的に差があるようである。また銅製の（本来金銅製か）弭もやや新しいものとみられるから、若干の時期的幅があるように思う。複数の古墳の副葬品が混じっているのかもしれない。

黒石七号墳 径二二メートル、高さ二・五メートルの円墳で、墳丘裾部に円筒埴輪列をめぐらす。墳頂部に粘土槨が設けられていた。木棺は割竹形で、長さ三・九五メートル、幅〇・五メートルである。棺内には一面に赤色顔料がみられた。西側の棺側の被覆粘土内から刀子一振が出土した。攪乱土から鉄刀片が出土している。

東側墳丘裾部で円筒棺が二カ所から検出された。第一棺の内部から鉄鏃一点が出土した。

黒石八号墳　円墳で、径二〇メートル、高さ三・五メートル。かつて南西に開口する横穴式石室があったが、明治一八年（一八八五）ごろ石材は運び出され、石垣などの建築用材に使用されていた。右片袖の横穴式石室と推定される。

黒石一〇号墳　一〇号墳の周囲に幅一メートル、深さ〇・六メートルの溝をめぐらすが、東側の中央部、二メートル間のみ、溝が途切れ陸橋部となり、この部分での溝幅が外に幅二・五メートルと広がっていて、方形の墳丘部に短いバチ型の前方部状陸橋を持つ形になっている。各辺は一辺一〇・四メートルである。墳丘中央部で、墓壙を検出し、その内部に木棺の痕跡を確認した。推定した木棺は組合式箱形で長さ二・一五メートル、幅〇・五メートルである。これに平行するもう一つの土壙を検出した。いずれも遺物はなかった。東辺の溝内から五様式の弥生式土器片を検出した。墳丘縁辺部に置かれていたものが、溝内に転落したものと推定される。この古墳は弥生時代にまでさかのぼるものとして重要である。

黒石一三号墳　墳丘規模は南北約一九メートル、東西約一六メートルの円墳で、墳丘中央部に小規模な横穴式石室があったが、わずかに石材が残るだけで、床に凝灰岩製の組合石棺の底石や蓋石および木口板とみられる石材が散乱していた。

遺物は須恵器や土師器がある。また鍔《つば》付の鉄刀がある。当古墳は、出土土器から六世紀末葉の時期が推定される。

馬見古墳群最後の大型古墳

孤井城山古墳　奈良県北葛城郡香芝町（現香芝市）大字狐井および良福寺《りょうふくじ》にある城山古墳（図56）は、全長約一四〇メートル、後円部径八五～九〇メートル、前方部幅約一一〇メートルの大型前方後円墳である。周囲には前方部で、一八メートル幅の濠をめぐらせ、さらにやや幅広の外堤がめぐっている。葺石や埴輪の存在が確認されているが、埋葬施設や副葬品は明らかでない。また墳丘も後世に大きく改変しているようである。

本墳のものと推定されている刳抜式長持形石棺の蓋石と舟形石棺の蓋石（図57右）が外堤に接する農業用水路から発見されている。また付近の阿弥陀橋には組合式長持形石棺の蓋石（図57左）がある。前方部が発達した形態から見て当古墳は五世紀末～六世紀初頭のころに築造されたと見られる。

狐井稲荷山古墳《きついいなりやま》　城山古墳の北にあった古墳で現状では古墳の存在は明らかでないが、地籍図からもとは周濠のめぐる全長七〇メートルほどの前方後円墳であったと見られる。周濠推定部分からは埴輪片が採取され、これから見ると五世紀後半でも狐井城山古墳に先行するものと考えられる。

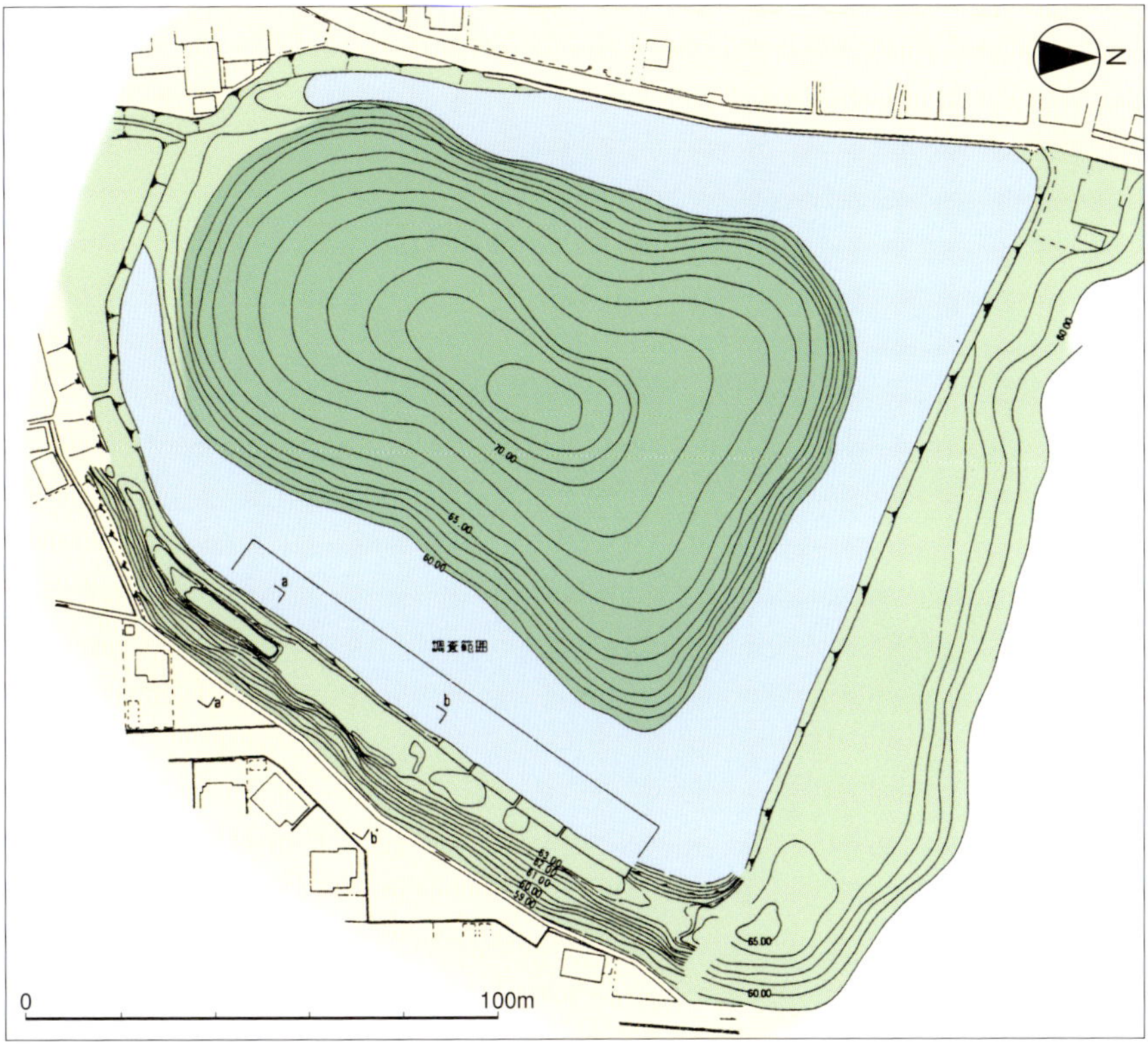

図 56 ● 狐井城山古墳
中世に山城として使われたので、墳丘は大きく削られている。

図 57 ● 狐井城山古墳出土と考えられる石棺
左：長持形石棺の蓋を半截したもの。橋として使われた。
右：刳抜の舟形石棺の蓋石。用水路に使われていた。

第3章　馬見古墳群を築いた人びと

1　三つの古墳群

馬見古墳群とよばれるものは大きく三つのグループに分けられる。大塚山古墳群、巣山古墳群、築山古墳群の三グループである。以下、それぞれの古墳群の成り立ちとその被葬者を考えてみよう。

大塚山古墳群　大塚山古墳群はその始まりが城山古墳か大塚山古墳であると思われるが、五世紀前半から中ごろに突然として築造が始まり、五世紀末ころには築造は止む。

この古墳群は高田《たかだ》川、葛城《かつらぎ》川、曽我《そが》川が合流して大和《やまと》川に流れ込む地点の近くにあり、さらにこの地点は、飛鳥《あすか》川や寺《てら》川もすぐ近くで大和川に合流しており、大和盆地の小河川が盆地の中央で合流する場所といえる。これまでこの合流地点近くに築造されている古墳は川西町の島の山古墳といわれてきたが、大塚山古墳群も同じような性格を持つものといえよう。

むしろ島の山古墳と大塚山古墳群は、本来同じグループに属するといえるかもしれない。島の山古墳と大塚山古墳の平面プランが酷似しているという点も、このことを示しているといえよう。島の山古墳の築造につづいて大塚山古墳群が築かれたのであろう。この二つの古墳は、河川の合流地点に築かれた古墳として大和川水系を抑えるという性格が与えられた古墳群である。おそらく大和政権の中枢にあった人びとの墓と考えられる。つまり馬見古墳群の一群でありながらほかの群とはその性格が異なるということである。

巣山古墳群　巣山古墳群は巣山古墳を中心に、南にやや離れて新木山古墳、北には中型の古墳が多く、日本最大の帆立貝式の乙女山古墳、そして池上古墳、狐塚古墳、三吉古墳などの帆立貝式古墳が多い。巣山古墳の近くには一本松古墳、倉塚古墳、ナガレ山古墳などのような大型・中型の古墳もある。大型・中型古墳の密集度が高いが、小規模円墳も多く存在している。

これらの古墳に加えて、大字佐味田の宝塚古墳や貝吹山古墳を加えると古墳群の時代的流れも理解しやすくなる。新木山古墳より南へは、丘陵の東側や丘陵上に小規模の古墳がいくつか点在している。

この巣山古墳群はその初源が前期後半に始まり、そしてその最初の古墳が宝塚古墳という全長一一二メートル級の古墳であるということを考えると、かなりの有力者を想定できる。

	大塚山古墳群	馬見古墳群		南葛城
四世紀			新山古墳	
		宝塚古墳	別所石塚古墳	鴨都波古墳
	島の山古墳	巣山古墳		室大墓古墳
五世紀		乙女山古墳		
	川合大塚山古墳	新木山古墳		屋敷山古墳
	中良塚古墳			
		倉塚古墳	築山古墳	鑵子塚古墳
	川合城山古墳			
			狐井城山古墳	
六世紀		牧野古墳		

図58 ● 大型古墳の流れ

大和《おおやまと》古墳群や佐紀盾列《さきたたなみ》古墳群の大和政権の中枢の古墳群内で比較すると、この程度の規模の古墳は第三位級の規模であり、天神山《てんじんやま》古墳や下池山《しもいけやま》古墳に匹敵する。

宝塚古墳は前期後半に築造された古墳であるが、副葬品の内容はさらに規模の大きい一三〇〜一五〇メートル級の古墳に匹敵する。つまり、三六面もの多数の銅鏡は前期前半の古墳であれば、黒塚古墳や椿井大塚山古墳と同じである。天神山古墳でも二三面の銅鏡が副葬されていた。しかし、宝塚古墳では三六面もの銅鏡とそれ以外の副葬品も多い。つまり、この古墳の副葬品は異常に多いと言える。

巣山古墳群成立の最初である宝塚古墳が、前方後円墳である点も注意しておく必要がある。埋葬施設が粘土槨である点が竪穴式石室の簡略化ということであるならば、時代がやや新しいというだけでなく、被葬者の地位なども考慮する材料になろう。

鏡の内容を見ると、三角縁神獣鏡にも新式鏡と古式鏡の二種がまじっていたりしている点、大型の仿製鏡がまじっている点などから、宝塚古墳の被葬者の埋葬にあたり、古くからの伝世品と新しいものとをいっしょに墓に投入したといえる。宝塚古墳につづく貝吹山古墳では仿製鏡のみで、それほど古い鏡はなかったようである。

これらの古墳につづくのが巣山古墳であろうが、巣山古墳ではかなり新しい石製品等が投入されていることがわかっており、前期末から中期初めの古墳としてこの地域でもっとも早く築かれた超大型古墳である。巣山古墳は、島の山古墳などとほとんど同時期であろう。

巣山古墳につづいて、新木山、倉塚と超大型古墳が築かれるが、中期の終わりころのダダオシ古墳で一応の築造は終わるものと思う。

築山古墳群　巣山古墳群に対して、築山古墳群ではその始まりが新山古墳に求められる。新山古墳からモエサシ古墳や別所石塚古墳を経て築山古墳に繋がる。

このグループの起源である新山古墳は前方後方墳である点が興味深い。一般に多くの地域で前方後方墳が最初に現れ、次に前方後円墳が出現するという事実がある。

前方後方墳は東海地方を中心に早くから始まったという解釈があるが、これでもわかるように、大和政権の中枢以外の小勢力、つまり外様と見ていた豪族の最初の墓制として採用されたと見られる。

新山古墳は同じ大和にありながら、大和政権の中枢とは異なっていると理解できる。そして、この現象は在地豪族が大和政権内に組み込まれた最初の段階には前方後方墳を、その次の首長に対しては前方後円墳の築造が許可されたとみられる。この考え方に立てば、築山古墳群を構成せしめた集団の祖先は新山古墳の段階にはじめて大和政権下に組み込まれたと考えられる。

新山古墳の副葬品の内容が宝塚古墳と同様、かなりの時期幅があるということも、この古墳が前期後半の築造であることを示している。馬見丘陵の古墳が政権の中枢とこうした関係にあるとすれば、それは大和の在地豪族の存在を考えるべきであろう。築山古墳群では中期に築山古墳、中期末に狐井城山古墳などを築いているが、巣山古墳群同様に後期になると急に消滅してしまう。

2　天皇家と葛城氏

葛城氏の墓所か

古代の葛城地域の範囲はどのようであったか。これは古代史の立場から直木孝次郎《なおきこうじろう》氏、門脇《かどわき》禎二《ていじ》氏、和田萃《わだあつむ》氏などが述べている。これをもとにすると、律令制下においては葛上《かつらきのかみ》・葛下《かつらきのしも》郡があり、これが律令制以前の葛城国に由来するので、この両郡とその間の忍海《おしのみ》郡が旧領域と考えられる。つまり、葛城の地から北流する葛城川が大和川に合流するまでの流域としている。この考えをもとにすると、馬見古墳群は葛城国の内にあるということになる。

馬見古墳群がいかなる氏族に属するものかについては、これまで葛城氏にかかわるものだと考えられてきた。

この古墳群の被葬者が葛城氏ではないかとしたのは、森浩一氏である。その大きな理由は、馬見丘陵の大半が葛上郡に属するということからであった。しかし、馬見古墳群の存在する場所は広瀬《ひろせ》郡にも入っていることから、必ずしも葛城氏とは限らないという考え方が出てきた。和田萃氏は葛城の名を付す神社が金剛《こんごう》・葛城・二上《ふたかみ》の山麓地帯に限られること、葛城氏の本願地は葛城郡の南部の掖上《わきがみ》とその周辺で馬見地域はその南部が少し入るだけと考え、馬見丘陵の古墳は大和政権の大王家にかかわる古墳群とすべきだという。しかし、同じ古代史家の門脇禎二氏はこの考えを退け、葛城氏の墓所としての馬見古墳群を考えている。

こうしたなかで馬見古墳群をみると、明らかに天皇家の一族の墓所としている記録がある。

時代は下降するが、「延喜式《えんぎしき》」の諸陵寮《しょりょうりょう》に高市皇子《たけちのみこ》の三立岡墓《みたてのおか》や押坂彦人大兄皇子《おしさかのひこひとのおおえのみこ》の成相墓《なりあい》の存在を記している。

押坂彦人大兄皇子は敏達《びたつ》天皇の皇子、舒明《じょめい》天皇の父であるし、高市皇子は天武《てんむ》天皇の皇子である。高市皇子の三立岡墓は見つかっていないが、押坂彦人大兄皇子の成相墓は牧野古墳である蓋然性が高い。さらに、丘陵の西方にあたる片岡と呼ばれる場所には「片岡葦田墓《かたおかあしだのはか》」と「延喜式」にあり、これが茅渟皇子《ちぬのみこ》の墓で香芝市の平野《ひらの》一・二号墳のいずれかの可能性がある。つまり、少なくとも馬見丘陵は六世紀末までには天皇家の直轄の地になっていたことを示す。

東西の二大勢力

しかし、馬見古墳群の大半が前期から中期にかけての古墳群である点から考えると、この時期の古墳が天皇家を中心としたものか、葛城氏のものかはどちらとも確定しにくい。馬見丘陵の古墳を大きく三群に分けた場合、大塚山古墳群を大和政権にかかわる人びとの墓として別とすれば、残りの巣山古墳群と築山古墳群が問題である。

葛城の勢力をかなり大きなものとみる考え方には、文献による葛城氏の動向があるからである。門脇禎二氏によると、雄略天皇と一言主神《ひとことぬしのかみ》の説話や出雲《いずも》の乃見宿禰《のみのすくね》と当麻毛早《たいまのけはや》の話に代表されるこれらの文献を解釈すると、かつては大和盆地には大和を東西に二分するような勢力があった。三輪山を中心とした大和盆地東半に大和政権の中枢があり、西半に葛城氏の勢力があったということである。

大和政権にとっては、同じ大和の内にさえ完全に従属していない勢力があったということになる。

3　葛城氏の興亡

葦田宿禰と玉田宿禰

すでに記したように馬見には巣山と築山の二グループある。副葬品のあり方からみて、ようやく前期後半から末に古墳の採用が始まることは確かである。しかし古墳の内容、副葬品から見てその最初から相当な力を持っている。こうした副葬品の中に、新山古墳の西晋の帯金具、新山・宝塚古墳の優れた鏡類、城山古墳の甲などがある。いずれも半島・大陸色の強い副葬品があることから、この古墳を築いた人物が大和政権下で国際交流の役割を担っていたのではないかとみられる。

門脇禎二氏によると、葛城氏は葛城垂見宿禰《かつらぎのたるみのすくね》を祖として葛城曽都比古《そつひこ》、さらに曽都比古の後に葦田宿禰と玉田宿禰の二派に分かれるという。馬見古墳群については葦田の地名があったとすることから、巣山古墳群は葦田とその系流が被葬者と見られる。玉田宿禰については御所市に玉手丘があることから、このあたりを居住地・墓地としたと見られる。掖上の鑵子塚《かんすづか》がこれの一部とも見られるが、他に大型・中型古墳がない。あるいは、馬見丘陵の築山を中心とするグループが玉田宿禰とその系流かもしれない。

葛城曽都比古の墓

南葛城の古墳で前期古墳として知られるのは、わずかに西浦《にしうら》古墳と鴨都波《かもつは》一号墳、兵庫《ひょうご》古墳そして室大墓《むろのおおはか》（宮山《みややま》古墳）（図59）のみである。地域を広げて巨勢谷をも含めると、タニグチ一号墳が知られる。

室大墓を葛城曽都比古の墓所とすることは、今までも考えられてきた。単独の巨大古墳で、竪穴式石室に長持形石棺というその内容は飛びぬけている。最近この場所で半島製の船形陶質土器が採集された。半島との交流の伝承をもつ曽都比古ならではの副葬品とする見解を否定することは難しい。このあたりはいずれも小型の円墳・方墳であって、なかでも、もっとも新しい室大墓のみが巨大古墳である。つまり、この地域では古墳前期末から中期になって突然巨大前方後円墳が出現するのである。ただ鴨都波一号墳を見ると、四世紀後半というものの、三角縁神獣鏡が副葬品の一部に入っている。三角縁神獣鏡は大和政権が各地の豪族に配布したと考えられているもので、一般的には、鏡の配布とともに前方後円形の墳丘を築造することを許したといわれている。

鴨都波一号墳の副葬品内容を他の古墳と比較してみれば、全長

図59 ● 室大墓の墳丘（左）と長持形石棺（右）
全長238mの巨大な前方後円墳。写真下方の建物のある所に造り出しがあった。
石棺は現状では、小口部分の一方が見学できる。

五〇～一〇〇メートルの前方後円墳に匹敵する内容である。にもかかわらず、一辺二〇メートルの方墳という規模は解せない。おそらく文化・社会的な方面で大和政権とのつながりが認められても、政治的な部分ではまだ大和政権に充分に取り込まれていなかった段階の人物の墓が鴨都波一号墳ということになるのではないか。

大和政権への服属

簡単に言えば、この当時、盆地内の西南地域の葛城の地は、大和政権が政権内部にまだ完全に取り込めなかった地域であった。そこは後の葛城氏が支配していた地で、葛城氏は大和政権とともに大和を二分する勢力ともいえた。

大和政権側としては歴代の葛城の首長に鏡などを贈ることにより、友好的にこの勢力を取り込もうとしたものとみられる。馬見丘陵の新山・宝塚古墳でも、その副葬品にかなりの時期幅が認められることから、大和政権は古くから葛城氏に物を贈っていたが、この古墳の時期になってはじめて大和政権に取り込まれたと考えることができる。

先に記したように、葛城の中心地が時代とともに南下するという現象も同じように考えられる。馬見古墳群に対して室大墓（宮山古墳）の系譜を考えることは難しい。地域的な広がりが広大であり、地域設定ができにくいからである。この広大な地域に大型の古墳が点在している。これらの古墳を一つの系譜と考えることができるとすれば、室大墓―屋敷山古墳―掖上鑵子塚古墳―ミヤス塚古墳の流れを見ることができる。しかし、室大墓（宮山古墳）―掖上鑵子塚古墳と屋敷山古墳がつながらないとすれば、屋敷山古墳は葛城の内でも別の系譜を考えなければならない。その際には、葛城県主《かつらぎのあがたぬし》も候補の一つであろう。

前期末から中期に勢力を誇った葛城氏も、大和政権に段々とその領地を譲ることになってきた。このようにして大和政権による葛城氏の解体は進み、重要な場所を奪われるのである。

文献によると、葛城玉田の円大臣《つぶらのおおおみ》が五世紀中〜末期に滅び、葛城の宗家は消滅する。それを示すように掖上鑵子塚古墳以後、葛城の地には有力な古墳は見当らない。馬見古墳群の最後は狐井城山古墳の五世紀末ごろである。こうした結果、七世紀初めころまでには大和政権の一部を担う蘇我《そが》氏が、葛城の地を自分たちの祖地であると主張するという話があり、『日本書紀』には蘇我大臣毛人《えみし》が祖廟を葛城の高宮に建てたと記されている。

最近巨勢山の麓で、條《じょう》ウル神《がみ》古墳が確認された。大和で三番目クラスの巨大な石室と巨大な刳抜家形石棺を内蔵している（図60）。この横穴式石室は峠を越えた巨勢谷の古墳と同じ構造であることから、巨勢氏のものと思われる。葛城の地が巨勢氏によっても、すでに六世紀の前半には蚕食されているのである。葛城地域の後期大型古墳はあまり目立ったものがなく、新庄・当麻の地域に飯豊陵古墳、二塚古墳、平林古墳等が知られているのみであり、あまりにも前・中期古墳との格差が大きい。

図60 ● 條ウル神古墳の横穴式石室
巨大な家形石棺が置かれている。

主な参考文献

野淵龍潜　「大和國古墳墓取調帳」

梅原末治　一九一六「大和國佐味田寶塚の構造と出土の古鏡とに就いて」『考古学雑誌』七―三

梅原末治　一九三五『佐味田及新山古墳研究』

田村吉永　一九三六「大和における帆立貝式古墳」『大和志』三―二

後藤守一　一九三六「家屋を鏡背の文様とせる鏡」『考古学雑誌』一三―一

高橋健自　一九三九「大和國佐味田發見埴輪土偶に就いて」『考古学雑誌』一五―二

末永雅雄　一九五〇『大和の古墳』

森　浩一　一九五五「畿内―古墳文化―」『日本考古学講座』

井上光貞　一九五六「帝紀から見た葛城氏」『古事記大成』

網干善教　一九五七「大和高田市出土の鶏頭埴輪」『文化史学』一三

伊達宗泰　一九五九「北葛城郡河合村　大塚山古墳群」『奈良県史跡名勝天然記念物調査抄報　第一二輯』

伊達宗泰　一九六三「北葛城郡広陵町大塚古墳」『文化財報』六

白石太一郎他　一九七四「馬見丘陵における古墳の調査」『奈良県史跡名勝天然記念物報告　第二九冊』

河上邦彦・前園実知雄　一九七五『奈良県文化財調査報告書　第二三集―北葛城郡河合町佐味田坊塚古墳発掘調査報告―付一北葛城郡広陵町寺戸方墳測量調査報告　付二巣山古墳・乙女山古墳及び川合大塚山古墳出土遺物の報告』

泉森　皎　一九七七『奈良県文化財調査報告書　第二九集　佐味田狐塚古墳―付黒石四号墳・小池寺石棺調査報告―』

千賀　久　一九八一『葛城の古墳と古代寺院』奈良県立橿原考古学研究所附属博物館

鳥越憲三郎・若林弘子　一九八七『家屋文鏡が語る古代日本』新人物往来社

河上邦彦　一九八七『史跡・牧野古墳』広陵町教育委員会

木下　亘　一九八八『河合町文化財調査報告　第二集　史跡　乙女山古墳付高山二号墳　―範囲確認調査報告―』河合町教育委員会

千賀　久　一九八八『馬見丘陵の古墳　佐味田宝塚・新山古墳とその周辺』河合町・河合町教育委員会

河上邦彦　二〇〇二『馬見古墳群の基礎資料』橿原考古学研究所成果　第五冊

＊奈良県教育委員会、奈良県立橿原考古学研究所、河合町・広陵町・香芝市・高田市等教育委員会発行の発掘調査報告および概報の多くは省略した。

写真の所蔵・提供

奈良県立橿原考古学研究所：図7・8・9・21・48・59右（室大墓長持形石棺）
宮内庁書陵部：図11（勾玉、鍬形石、車輪石）・35（硬玉製勾玉と管玉、銅鏃）・36・37・39（帯金具、車輪石、石製鏃、台座形石製品）・40〔図36・37・40の鏡は学生社刊『古鏡集成』より転載〕
広陵町教育委員会：図13・18・19・24
河合町教育委員会：図31・32左（ナガレ山古墳粘土槨）
大和高田市教育委員会：図50・51
泉森皎：図57
御所市教育委員会：図59左（室大墓墳丘）・60
河上邦彦：図2～6・10・11（滑石製石斧、籠目土器）・12・14～17・20・22・23・25～28右（文代山古墳遠景、墳丘裾の葺石）・30・32右（ナガレ山古墳くびれ部埴輪列）～34・35（石製合子、鍬形石、巴形銅器、滑石製刀子、滑石製剣、滑石製品）・38・39（小鉄剣）・41～43・45～47・49・52～55

図の出典

図1・58：河上邦彦
図4：「大和國古墳墓取調帳」より
図28左・29・44・56：河上邦彦編著『馬見古墳群の基礎資料』より

博物館紹介

広陵町文化財保存センター

・奈良県北葛城郡広陵町大字南郷583番地1（広陵町役場の敷地内）
・電話　0745（55）1001（代）広陵町教育委員会
・開館時間　9：00～17：00（平日開館）
・入館料　無料
・近鉄大阪線大和高田駅から奈良交通バス・竹取公園東行、疋相下車、東へ徒歩15分。
　または平端駅行、広陵町役場前下車。

巣山古墳出土の埴輪を中心とした小規模な展示施設がある。

二上山博物館

・奈良県香芝市藤山1－17－17
・電話　0745（77）1700
・開館時間　9：00～17：00（入館は午後16時30分まで）
・休館日　毎週月曜日（祝日の場合は翌日）、年末年始（12月28日～1月4日）
・入館料　一般200円、学生150円、小人100円　＊団体割引有り
・近鉄大阪線下田駅から西へ徒歩約7分。近鉄南大阪線二上山駅から東へ徒歩約15分。
　JR和歌山線香芝駅から西へ徒歩約10分。

二上山から産出する石、サヌカイト・凝灰岩・金剛砂を中心とした展示。

刊行にあたって

「遺跡には感動がある」。これが本企画のキーワードです。

あらためていうまでもなく、専門の研究者にとっては遺跡の発掘こそ考古学の基礎をなす基本的な手段です。また、はじめて考古学を学ぶ若い学生や一般の人びとにとって「遺跡は教室」です。

日本考古学では、もうかなり長期間にわたって、発掘・発見ブームが続いています。そして、毎年厖大な数の発掘調査報告書が、主として開発のための事前発掘を担当する埋蔵文化財行政機関や地方自治体などによって刊行されています。そこには専門研究者でさえ完全には把握できないほどの情報や記録が満ちあふれています。しかし、その遺跡の発掘によってどんな学問的成果が得られたのか、その遺跡やそこから出た文化財が古い時代の歴史を知るためにいかなる意義をもつのかなどといった点を、莫大な記述・記録の中から読みとることははなはだ困難です。ましてや、考古学に関心をもつ一般の社会人にとっては、刊行部数が少なく、数があっても高価なその報告書を手にすることすら、ほとんど困難といってよい状況です。

いま日本考古学は過多ともいえる資料と情報量の中で、考古学とはどんな学問か、また遺跡の発掘から何を求め、何を明らかにすべきかといった「哲学」と「指針」が必要な時期にいたっていると認識します。

本企画は「遺跡には感動がある」をキーワードとして、発掘の原点から考古学の本質を問い続ける試みとして、日本考古学が存続する限り、永く継続すべき企画と決意しています。いまや、考古学にすべての人びとの感動を引きつけることが、日本考古学の存立基盤を固めるために、欠かせない努力目標の一つです。必ずや研究者のみならず、多くの市民の共感をいただけるものと信じて疑いません。

監　修　戸沢　充則
編集委員　勅使河原彰　小野　昭
小野　正敏　石川日出志
小澤　毅　佐々木憲一

著者紹介

河上邦彦（かわかみ・くにひこ）

1945年、大阪市生まれ。関西大学大学院文学科日本史学専攻修士課程修了。文学博士。奈良県立橿原考古学研究所副所長および同附属博物館館長を経て、神戸山手大学教授。中国西北大学客員教授。中国社会科学院古代文明研究センター客員研究員。現在、広陵町教育委員会文化財保存センター所長。飛鳥京跡、牧野古墳、東明神古墳、下池山古墳、黒塚古墳など多くの調査をおこなう。
主な著作　『飛鳥学』全五巻　共著　人文書院、『後・終末期古墳の研究』 雄山閣出版 、『飛鳥を掘る 』講談社選書メチエ 、『飛鳥発掘物語』産経新聞ニュースサービス、『大和の終末期古墳 』学生社、『大和の古墳Ⅱ』編著　近畿日本鉄道

シリーズ「遺跡を学ぶ」026
大和葛城《やまとかつらぎ》の大古墳群・馬見《うまみ》古墳群

2006年4月30日　第1版第1刷発行
2016年5月30日　第1版第3刷発行

著　者＝河上邦彦

発行者＝株式会社 新 泉 社
東京都文京区本郷2-5-12
振替・00170-4-160936番　TEL03(3815)1662／FAX03(3815)1422
印刷／太平印刷社　製本／榎本製本

ISBN978-4-7877-0636-2　C1021

シリーズ「遺跡を学ぶ」